深圳学派建设丛书
（第六辑）

深港地名文化比较研究

A Comparative Study of Place Names Culture
between Shenzhen and Hong Kong

卞仁海　著

中国社会科学出版社

图书在版编目（CIP）数据

深港地名文化比较研究/卞仁海著. —北京：中国社会科学出版社，2019.6

（深圳学派建设丛书. 第六辑）

ISBN 978-7-5203-4483-8

Ⅰ.①深… Ⅱ.①卞… Ⅲ.①地名—文化—对比研究—深圳、香港 Ⅳ.①K926.53②K926.58

中国版本图书馆CIP数据核字（2019）第095252号

出 版 人	赵剑英
责任编辑	王 茵　马 明
责任校对	胡新芳
责任印制	王 超
出　　版	中国社会科学出版社
社　　址	北京鼓楼西大街甲158号
邮　　编	100720
网　　址	http://www.csspw.cn
发 行 部	010-84083685
门 市 部	010-84029450
经　　销	新华书店及其他书店
印　　刷	北京明恒达印务有限公司
装　　订	廊坊市广阳区广增装订厂
版　　次	2019年6月第1版
印　　次	2019年6月第1次印刷
开　　本	710×1000　1/16
印　　张	14
插　　页	2
字　　数	208千字
定　　价	59.00元

凡购买中国社会科学出版社图书，如有质量问题请与本社营销中心联系调换
电话：010-84083683
版权所有　侵权必究

《深圳学派建设丛书》
编委会

顾　　问：王京生

主　　任：李小甘　吴以环

执行主任：陈金海　吴定海

总序：学派的魅力

王京生[*]

学派的星空

在世界学术思想史上，曾经出现过浩如繁星的学派，它们的光芒都不同程度地照亮人类思想的天空，像米利都学派、弗莱堡学派、法兰克福学派等，其人格精神、道德风范一直为后世所景仰，其学识与思想一直成为后人引以为据的经典。就中国学术史而言，不断崛起的学派连绵而成群山之势，并标志着不同时代的思想所能达到的高度。自晚明至晚清，是中国学术尤为昌盛的时代，而正是在这个时代，学派性的存在也尤为活跃，像陆王学派、吴学、皖学、扬州学派等。但是，学派辈出的时期还应该首推古希腊和春秋战国时期，古希腊出现的主要学派就有米利都学派、毕达哥拉斯学派、埃利亚学派、犬儒学派；而儒家学派、黄老学派、法家学派、墨家学派、稷下学派等，则是春秋战国时期学派鼎盛的表现，百家之中几乎每家就是一个学派。

综观世界学术思想史，学派一般都具有如下特征：

其一，有核心的代表人物，以及围绕着这些核心人物所形成的特定时空的学术思想群体。德国19世纪著名的历史学家兰克既是影响深远的兰克学派的创立者，也是该学派的精神领袖，他在柏林大学长期任教期间培养了大量的杰出学者，形成了声势浩大的学术势力，兰克本人也一度被尊为欧洲史学界的泰斗。

其二，拥有近似的学术精神与信仰，在此基础上形成某种特定的学术风气。清代的吴学、皖学、扬学等乾嘉诸派学术，以考据为

---

[*] 王京生，现任国务院参事。

治学方法，继承古文经学的训诂方法而加以条理发明，用于古籍整理和语言文字研究，以客观求证、科学求真为旨归，这一学术风气也因此成为清代朴学最为基本的精神特征。

其三，由学术精神衍生出相应的学术方法，给人们提供了观照世界的新的视野和新的认知可能。产生于20世纪60年代、代表着一种新型文化研究范式的英国伯明翰学派，对当代文化、边缘文化、青年亚文化的关注，尤其是对影视、广告、报刊等大众文化的有力分析，对意识形态、阶级、种族、性别等关键词的深入阐释，无不为我们认识瞬息万变的世界提供了丰富的分析手段与观照角度。

其四，由上述三点所产生的经典理论文献，体现其核心主张的著作是一个学派所必需的构成因素。作为精神分析学派的创始人，弗洛伊德所写的《梦的解析》等，不仅成为精神分析理论的经典著作，而且影响广泛并波及人文社科研究的众多领域。

其五，学派一般都有一定的依托空间，或是某个地域，或是像大学这样的研究机构，甚至是有着自身学术传统的家族。

学派的历史呈现出交替嬗变的特征，形成了自身发展规律：

其一，学派出现往往暗合了一定时代的历史语境及其"要求"，其学术思想主张因而也具有非常明显的时代性特征。一旦历史条件发生变化，学派的内部分化甚至衰落将不可避免，尽管其思想遗产的影响还会存在相当长的时间。

其二，学派出现与不同学术群体的争论、抗衡及其所形成的思想张力紧密相关，它们之间的"势力"此消彼长，共同勾勒出人类思想史波澜壮阔的画面。某一学派在某一历史时段"得势"，完全可能在另一历史时段"失势"。各领风骚若干年，既是学派本身的宿命，也是人类思想史发展的"大幸"：只有新的学派不断涌现，人类思想才会不断获得更为丰富、多元的发展。

其三，某一学派的形成，其思想主张都不是空穴来风，而有其内在理路。例如，宋明时期陆王心学的出现是对程朱理学的反动，但其思想来源却正是前者；清代乾嘉学派主张朴学，是为了反对陆王心学的空疏无物，但二者之间也建立了内在关联。古希腊思想作为欧洲思想发展的源头，使后来西方思想史的演进，几乎都可看作对它的解释与演绎,"西方哲学史都是对柏拉图思想的演绎"的极端说法,却也说出了部分的真实。

其四,强调内在理路,并不意味着对学派出现的外部条件重要性的否定;恰恰相反,外部条件有时对于学派的出现是至关重要的。政治的开明、社会经济的发展、科学技术的进步、交通的发达、移民的会聚等,都是促成学派产生的重要因素。名噪一时的扬州学派,就直接得益于富甲一方的扬州经济与悠久而发达的文化传统。综观中国学派出现最多的明清时期,无论是程朱理学、陆王心学,还是清代的吴学、皖学、扬州学派、浙东学派,无一例外都是地处江南(尤其是江浙地区)经济、文化、交通异常发达之地,这构成了学术流派得以出现的外部环境。

学派有大小之分,一些大学派又分为许多派别。学派影响越大分支也就越多,使得派中有派,形成一个学派内部、学派之间相互切磋与抗衡的学术群落,这可以说是纷纭繁复的学派现象的一个基本特点。尽管学派有大小之分,但在人类文明进程中发挥的作用却各不相同,有积极作用,也有消极作用。例如,法国百科全书派破除中世纪以来的宗教迷信和教会黑暗势力的统治,成为启蒙主义的前沿阵地与坚强堡垒;罗马俱乐部提出的"增长的极限""零增长"等理论,对后来的可持续发展、协调发展、绿色发展等理论与实践,以及联合国通过的一些决议,都产生了积极影响;而德国人文地理学家弗里德里希·拉采尔所创立的人类地理学理论,宣称国家为了生存必须不断扩充地域、争夺生存空间,后来为法西斯主义所利用,起了相当大的消极作用。

学派的出现与繁荣,预示着一个国家进入思想活跃的文化大发展时期。被司马迁盛赞为"盛处士之游,壮学者之居"的稷下学宫,之所以能成为著名的稷下学派之诞生地、战国时期百家争鸣的主要场所与最负盛名的文化中心,重要原因就是众多学术流派都活跃在稷门之下,各自的理论背景和学术主张尽管各有不同,却相映成趣,从而造就了稷下学派思想多元化的格局。这种"百氏争鸣、九流并列、各尊所闻、各行所知"的包容、宽松、自由的学术气氛,不仅推动了社会文化的进步,而且也引发了后世学者争论不休的话题，中国古代思想在这里得到了极大发展，迎来了中国思想文化史上的黄金时代。而从秦朝的"焚书坑儒"到汉代的"独尊儒术"，百家争鸣局面便不复存在，思想禁锢必然导致学派衰落，国家文化发展也必将受到极大的制约与影响。

深圳的追求

在中国打破思想的禁锢和改革开放30多年这样的历史背景下，随着中国经济的高速发展以及在国际上的和平崛起，中华民族伟大复兴的中国梦正在进行。文化是立国之根本，伟大的复兴需要伟大的文化。树立高度的文化自觉，促进文化大发展大繁荣，加快建设文化强国，中华文化的伟大复兴梦想正在逐步实现。可以预期的是，中国的学术文化走向进一步繁荣的过程中，具有中国特色的学派也将出现在世界学术文化的舞台上。

从20世纪70年代末真理标准问题的大讨论，到人生观、文化观的大讨论，再到90年代以来的人文精神大讨论，以及近年来各种思潮的争论，凡此种种新思想、新文化，已然展现出这个时代在百家争鸣中的思想解放历程。在与日俱新的文化转型中，探索与矫正的交替进行和反复推进，使学风日盛、文化昌明，在很多学科领域都出现了彼此论争和公开对话，促成着各有特色的学术阵营的形成与发展。

一个文化强国的崛起离不开学术文化建设，一座高品位文化城市的打造同样也离不开学术文化的发展。学术文化是一座城市最内在的精神生活，是城市智慧的积淀，是城市理性发展的向导，是文化创造力的基础和源泉。学术是不是昌明和发达，决定了城市的定位、影响力和辐射力，甚至决定了城市的发展走向和后劲。城市因文化而有内涵，文化因学术而有品位，学术文化已成为现代城市智慧、思想和精神高度的标志和"灯塔"。

凡工商发达之处，必文化兴盛之地。深圳作为我国改革开放的"窗口"和"排头兵"，是一个商业极为发达、市场化程度很高的城市，移民社会特征突出、创新包容氛围浓厚、民主平等思想活跃、信息交流的"桥头堡"地位明显，是具有形成学派可能性的地区之一。在创造工业化、城市化、现代化发展奇迹的同时，深圳也创造了文化跨越式发展的奇迹。文化的发展既引领着深圳的改革开放和现代化进程，激励着特区建设者艰苦创业，也丰富了广大市民的生活，提升了城市品位。

如果说之前的城市文化还处于自发性的积累期，那么进入21世纪以来，深圳文化发展则日益进入文化自觉的新阶段：创新文化发展理念，实施"文化立市"战略，推动"文化强市"建设，提升文化软实力，争当全国文化改革发展"领头羊"。自2003年以来，深圳文化发展亮点纷呈、硕果累累：荣获联合国教科文组织"设计之都""全球全民阅读典范城市"称号，原创大型合唱交响乐《人文颂》在联合国教科文组织巴黎总部成功演出，被国际知识界评为"杰出的发展中的知识城市"，三次荣获"全国文明城市"称号，四次被评为"全国文化体制改革先进地区"，"深圳十大观念"影响全国，《走向复兴》《我们的信念》《中国之梦》《迎风飘扬的旗》《命运》等精品走向全国，深圳读书月、市民文化大讲堂、关爱行动、创意十二月等品牌引导市民追求真善美，图书馆之城、钢琴之城、设计之都等"两城一都"高品位文化城市正成为现实。

城市的最终意义在于文化。在特区发展中，"文化"的地位正发生着巨大而悄然的变化。这种变化首先还不在于大批文化设施的兴建、各类文化活动的开展与文化消费市场的繁荣，而在于整个城市文化地理和文化态度的改变，城市发展思路由"经济深圳"向"文化深圳"转变。这一切都源于文化自觉意识的逐渐苏醒与复活。文化自觉意味着文化上的成熟，未来深圳的发展，将因文化自觉意识的强化而获得新的发展路径与可能。

与国内外一些城市比起来，历史文化底蕴不够深厚、文化生态不够完善等仍是深圳文化发展中的弱点，特别是学术文化的滞后。近年来，深圳在学术文化上的反思与追求，从另一个层面构成了文化自觉的逻辑起点与外在表征。显然，文化自觉是学术反思的扩展与深化，从学术反思到文化自觉，再到文化自信、自强，无疑是文化主体意识不断深化乃至确立的过程。大到一个国家和小到一座城市的文化发展皆是如此。

从世界范围看，伦敦、巴黎、纽约等先进城市不仅云集大师级的学术人才，而且有活跃的学术机构、富有影响的学术成果和浓烈的学术氛围，正是学术文化的繁盛才使它们成为世界性文化中心。可以说，学术文化发达与否，是国际化城市不可或缺的指标，并将最终决定一个城市在全球化浪潮中的文化地位。城市发展必须在学术文化层面有所积累和突破，否则就缺少根基，缺少理念层面的影响，缺少自我反省的能力，就不会有强大的辐射力，即使有一定的辐射力，其影响也只是停留于表面。强大的学术文化，将最终确立一种文化类型的主导地位和城市的文化声誉。

近年来，深圳在实施"文化立市"战略、建设"文化强市"过程中鲜明提出：大力倡导和建设创新型、智慧型、力量型城市主流文化，并将其作为城市精神的主轴以及未来文化发展的明确导向和基本定位。其中，智慧型城市文化就是以追求知识和理性为旨归，人文气息浓郁，学术文化繁荣，智慧产出能力较强，学习型、知识型城市建设成效卓著。深圳要建成有国际影响力的智慧之城，提高文化软实力，学术文化建设是其最坚硬的内核。

经过30多年的积累，深圳学术文化建设初具气象，一批重要学科确立，大批学术成果问世，众多学科带头人涌现。在中国特色社会主义理论、经济特区研究、港澳台经济、文化发展、城市化等研究领域产生了一定影响；学术文化氛围已然形成，在国内较早创办以城市命名的"深圳学术年会"，举办了"世界知识城市峰会"等一系列理论研讨会。尤其是《深圳十大观念》等著作的出版，更是对城市人文精神的高度总结和提升，彰显和深化了深圳学术文化和理论创新的价值意义。

而"深圳学派"的鲜明提出，更是寄托了深圳学人的学术理想和学术追求。1996年最早提出"深圳学派"的构想；2010年《深圳市委市政府关于全面提升文化软实力的意见》将"推动'深圳学派'建设"载入官方文件；2012年《关于深入实施文化立市战略建设文化强市的决定》明确提出"积极打造'深圳学派'"；2013年出台实施《"深圳学派"建设推进方案》。一个开风气之先、引领思想潮流的"深圳学派"正在酝酿、构建之中，学术文化的春天正向这座城市走来。

"深圳学派"概念的提出，是中华文化伟大复兴和深圳高质量发展的重要组成部分。竖起这面旗帜，目的是激励深圳学人为自己的学术梦想而努力，昭示这座城市尊重学人、尊重学术创作的成果、尊重所有的文化创意。这是深圳30多年发展文化自觉和文化自信的表现，更是深圳文化流动的结果。因为只有各种文化充分流动碰撞，形成争鸣局面，才能形成丰富的思想土壤，为"深圳学派"的形成创造条件。

深圳学派的宗旨

构建"深圳学派"，表明深圳不甘于成为一般性城市，也不甘于仅在世俗文化层面上造成一点影响，而是要面向未来中华文明复兴的伟大理想，提升对中国文化转型的理论阐释能力。"深圳学派"从名称上看，是地域性的，体现城市个性和地缘特征；从内涵上看，是问题性的，反映深圳在前沿探索中遇到的主要问题；从来源上看，"深圳学派"没有明确的师承关系，易形成兼容并蓄、开放择优的学术风格。因而，"深圳学派"建设的宗旨是"全球视野，民族立场，时代精神，深圳表达"。它浓缩了深圳学术文化建设的时空定位，反映了对学界自身经纬坐标的全面审视和深入理解，体现了城市学术文化建设的总体要求和基本特色。

一是"全球视野"：反映了文化流动、文化选择的内在要求，体现了深圳学术文化的开放、流动、包容特色。它强调要树立世界眼光，尊重学术文化发展内在规律，贯彻学术文化转型、流动与选择辩证统一的内在要求，坚持"走出去"与"请进来"相结合，推动深圳与国内外先进学术文化不断交流、碰撞、融合，保持旺盛活力，构建开放、包容、创新的深圳学术文化。

文化的生命力在于流动，任何兴旺发达的城市和地区一定是流动文化最活跃、最激烈碰撞的地区，而没有流动文化或流动文化很少光顾的地区，一定是落后的地区。文化的流动不断催生着文化的分解和融合，推动着文化新旧形式的转换。在文化探索过程中，唯一需要坚持的就是敞开眼界、兼容并蓄、海纳百川，尊重不同文化的存在和发展，推动多元文化的融合发展。中国近现代史的经验反复证明，闭关锁国的文化是窒息的文化，对外开放的文化才是充满生机活力的文化。学术文化也是如此，只有体现"全球视野"，才能融入全球思想和话语体系。因此，"深圳学派"的研究对象不是局限于一国、一城、一地，而是在全球化背景下，密切关注国际学术前沿问题，并把中国尤其是深圳的改革发展置于人类社会变革和文化变迁的大背景下加以研究，具有宽广的国际视野和鲜明的民族特色，体现开放性甚至是国际化特色，也融合跨学科的交叉和开放。

二是"民族立场"：反映了深圳学术文化的代表性，体现了深圳在国家战略中的重要地位。它强调要从国家和民族未来发展的战略出发，树立深圳维护国家和民族文化主权的高度责任感、使命感、紧迫感。加快发展和繁荣学术文化，尽快使深圳在学术文化领域跻身全球先进城市行列，早日占领学术文化制高点，推动国家民族文化昌盛，助力中华民族早日实现伟大复兴。

任何一个大国的崛起，不仅伴随经济的强盛，而且伴随文化的昌盛。文化昌盛的一个核心就是学术思想的精彩绽放。学术的制高点，是民族尊严的标杆，是国家文化主权的脊梁；只有占领学术制高点，才能有效抵抗文化霸权。当前，中国的和平崛起已成为世界的最热门话题之一，中国已经成为世界第二大经济体，发展速度为世界刮目相看。但我们必须清醒地看到，在学术上，我们还远未进入世界前列，特别是还没有实现与第二大经济体相称的世界文化强国的地位。这样的学术境地不禁使我们扪心自问，如果思想学术得不到世界仰慕，中华民族何以实现伟大复兴？在这个意义上，深圳和全国其他地方一样，学术都是短板，与经济社会发展不相匹配。而深圳作为排头兵，肩负了为国家、为民族文化发展探路的光荣使命，尤感责任重大。深圳的学术立场不能仅限于一隅，而应站在全国、全民族的高度。

三是"时代精神"：反映了深圳学术文化的基本品格，体现了深圳学术发展的主要优势。它强调要发扬深圳一贯的"敢为天下先"的精神，突出创新性，强化学术攻关意识，按照解放思想、实事求是、求真务实、开拓创新的总要求，着眼人类发展重大前沿问题，特别是重大战略问题、复杂问题、疑难问题，着力创造学术文化新成果，以新思想、新观点、新理论、新方法、新体系引领时代学术文化思潮。

党的十八大提出了完整的社会主义核心价值观，这是当今中国时代精神的最权威、最凝练表达，是中华民族走向复兴的兴国之魂，是中国梦的核心和鲜明底色，也应该成为"深圳学派"进行研究和探索的价值准则和奋斗方向。其所熔铸的中华民族生生不息的家国情怀，无数仁人志士为之奋斗的伟大目标和每个中国人对幸福生活的向往，是"深圳学派"的思想之源和动力之源。

创新，是时代精神的集中表现，也是深圳这座先锋城市的第一标志。深圳的文化创新包含了观念创新，利用移民城市的优势，激发思想的力量，产生了一批引领时代发展的深圳观念；手段创新，通过技术手段创新文化发展模式，形成了"文化+科技""文化+金融""文化+旅游""文化+创意"等新型文化业态；内容创新，以"内容为王"提升文化产品和服务的价值，诞生了华强文化科技、腾讯、华侨城等一大批具有强大生命力的文化企业，形成了读书月等一大批文化品牌；制度创新，充分发挥市场的作用，不断创新体制机制，激发全社会的文化创造活力，从根本上提升城市文化的竞争力。"深圳学派"建设也应体现出强烈的时代精神，在学术课题、学术群体、学术资源、学术机制、学术环境方面迸发出崇尚创新、提倡包容、敢于担当的活力。"深圳学派"需要阐述和回答的是中国改革发展的现实问题，要为改革开放的伟大实践立论、立言，对时代发展作出富有特色的理论阐述。它以弘扬和表达时代精神为己任，以理论创新为基本追求，有着明确的文化理念和价值追求，不局限于某一学科领域的考据和论证，而要充分发挥深圳创新文化的客观优势，多视角、多维度、全方位地研究改革发展中的现实问题。

四是"深圳表达"：反映了深圳学术文化的个性和原创性，体现了深圳使命的文化担当。它强调关注现实需要和问题，立足深圳实际，着眼思想解放、提倡学术争鸣，注重学术个性、鼓励学术原创,不追求完美、不避讳瑕疵,敢于并善于用深圳视角研究重大前沿问题,用深圳话语表达原创性学术思想,用深圳体系发表个性化学术理论,构建具有深圳风格和气派的学术文化。

称为"学派"就必然有自己的个性、原创性,成一家之言,勇于创新、大胆超越,切忌人云亦云、没有反响。一般来说,学派的诞生都伴随着论争,在论争中学派的观点才能凸显出来,才能划出自己的阵营和边际,形成独此一家、与众不同的影响。"深圳学派"依托的是改革开放前沿,有着得天独厚的文化环境和文化氛围,因此不是一般地标新立异,也不会跟在别人后面,重复别人的研究课题和学术话语,而是要以改革创新实践中的现实问题研究作为理论创新的立足点,作出特色鲜明的理论表述,发出与众不同的声音,充分展现特区学者的理论勇气和思想活力。当然,"深圳学派"要把深圳的物质文明、精神文明和制度文明作为重要的研究对象,但不等于言必深圳,只囿于深圳的格局。思想无禁区、学术无边界,"深圳学派"应以开放心态面对所有学人,严谨执着,放胆争鸣,穷通真理。

狭义的"深圳学派"属于学术派别,当然要以学术研究为重要内容;而广义的"深圳学派"可看成"文化派别",体现深圳作为改革开放前沿阵地的地域文化特色,因此除了学术研究,还包含文学、美术、音乐、设计创意等各种流派。从这个意义上说,"深圳学派"尊重所有的学术创作成果,尊重所有的文化创意,不仅是哲学社会科学,还包括自然科学、文学艺术等。

"寄言燕雀莫相唼,自有云霄万里高。"学术文化是文化的核心,决定着文化的质量、厚度和发言权。我们坚信,在建设文化强国、实现文化复兴的进程中,植根于中华文明深厚沃土、立足于特区改革开放伟大实践、融汇于时代潮流的"深圳学派",一定能早日结出硕果,绽放出盎然生机!

前　言

地名是历史的产物、地理的反映，也是一种以语言文字为载体的社会文化现象。它浓缩了一个地方的集体记忆，拥有丰富的历史文化内涵。2007年，第九届联合国地名标准化会议上，地名被确定为"非物质文化遗产"，适用于《保护非物质文化遗产公约》。

以"深圳"这一地名为例，它古属东官郡宝安县（东晋331年置），因境内有宝山产银，且山中水源丰富，农业旱涝保收，既产宝物，又有安定的农业生产生活，故名"宝安"；至唐肃宗时（757年），因憎恨"安史之乱"首领安禄山之"安"字，改"宝安"为"东莞"（因当地盛产莞草得名[①]）；明万历年间（1573年），又从原东莞县析置"新安县"，新安之名，取"革故鼎新，转危为安"之义；民国时（1914年），因避免与河南省新安县名重复，又恢复旧名宝安县；1979年撤销宝安县，设深圳市，深圳之名，得名于深圳河（"深圳"是早期的客家移民对深圳河的命名）。可见，地名和语言、历史、地理、社会、民俗、文化等密切相关。

深圳、香港作为粤港澳大湾区的主要城市，不仅毗邻，而且同宗同源，历史上同属宝安县管辖，曾有古南越族、广府人、客家人和福佬（闽南）人在此居住。深港地名文化有很多相同之处，比如至今两地都保留"车公庙""笔架山""东涌""葵涌""大磡村""圆岭村""田心村""凤凰山"等相同的地名。深圳有5000余条街道、4000多个聚落地名和政区，香港有4000多条街道、5000多

[①] 《天顺东莞旧志》卷一："莞，草名，可以为席。邑在广州之东，海傍多产莞草，故名。其治旧为宝安县，故旧志犹名宝安。"

个聚落地名和政区，这些大大小小的地名，就是深港两地的历史文化大全，它们反映了深港地区共有的古越族文化、广府文化、客家文化和福佬文化。比如，深圳的"上輋"、香港的"坪輋"，应是古越族人留下的地名；深圳的"上沙"、香港的"尖沙咀"，都是广府文化在地名上的反映；深圳的"钟屋"、香港的"苏屋"，最早居住的应该是客家人；深圳的"田寮"、香港的"香粉寮"，应当和福佬人有关。

但是由于历史原因，深港地名文化又有不同。深圳地处改革开放的前沿，新地名体现了移民文化和改革创新文化。比如，"同富路""创业路""华强路""华富路"等地名就是改革开放的见证，"科苑路""科创路"等地名则体现了深圳的创新精神。香港是世界金融中心，又曾是殖民地，中西文化交汇于此，其地名又体现了多元文化和殖民文化。比如，"维多利亚港""公爵街""坚拿道""轩尼诗道""中英街"等地名，就是殖民文化和中西方文化交流的反映。

深港的地名文化既是传统的，又是现代的；既有华夏主体（中原文化）的影响，又有岭南特质；既是多元的，又有独树一帜的改革创新文化，甚至西域文化的熏染。

对深港两地的地名文化进行比较研究，可以深入挖掘两地的人文历史内涵，促进两地的文化建设和深港一体化发展，有利于香港人的人心回归和文化认同。可惜的是，目前国内外还没有任何有关深港两地地名文化比较研究的论文和专著。深港城市建设日新月异，尤其是深圳，可谓一日千里，一些地名随着城市的高速发展，已经不用或渐趋消失，这就带来地名文化遗产的保护问题。本书立足深港地名的比较，从文化学的角度挖掘深港两地的历史和民俗文化，以期对弘扬岭南地域文化和创新文化、保护深港两地的地名文化遗产有所裨益，并为两地的地名规范化工作提供参考。在当今深港深度融合、粤港澳大湾区一体化高速发展的背景下，本书还可以为解决粤港融合过程中出现的文化冲突（如"反水货客""港独"等问题），提供一个基于地名文化的宣传视角。

莲花山上，屹立的伟人铜像俯瞰着深圳的山城田海，见证了城市的沧桑巨变；狮子山下，栉比的寮屋唐楼倒映在香江维港，诠释了顽强拼搏的香港精神。如今，深圳文化建设如火如荼，方兴未艾；深港文化融合也在加快。但是，人们对深圳文化的认知更多的是其改革创新文化，对香港文化的认知多为中西融合的多元文化，两地的传统文化和岭南地域文化似乎都被其现代文化的光芒所遮掩。对于两地的历史，甚至一度还有"小渔村""文化沙漠"的认知。作为"非物质文化遗产"的深港地名，具有岭南特质，承载了深港悠久的历史文化。我们研究和弘扬深港地名文化，可以改变人们对深港文化的片面认知，同时也是深港文化建设的重要一环。

兹以著名地名学先驱曾世英先生之语作结：

> 地名涉及国家尊严，领土主权，民族团结。研究地名及地名学，探其义，知其理，明其功，作用深远。[①]

[①] 褚亚平、尹钧科、孙冬虎：《地名学基础教程》，中国地图出版社1994年版，扉页。

目　录

第一章　地名和地名学 ……………………………………………… (1)
 第一节　地名和地名文化 ………………………………………… (1)
  一　什么是地名 …………………………………………………… (1)
  二　地名蕴含历史文化 …………………………………………… (2)
  三　改地名的得与失 ……………………………………………… (7)
 第二节　地名学 …………………………………………………… (10)
  一　什么是地名学 ………………………………………………… (10)
  二　有关深港地名的研究 ………………………………………… (11)

第二章　深港地名概况 ………………………………………………… (13)
 第一节　深港概况 ………………………………………………… (13)
  一　深港的地理概况 ……………………………………………… (13)
  二　深港的历史沿革 ……………………………………………… (14)
  三　深港地区的原住民及其方言 ………………………………… (15)
 第二节　深港地名的命名和分类 ………………………………… (16)
  一　深港地名的管理分类 ………………………………………… (17)
  二　深港地名的词语结构分类 …………………………………… (17)
  三　深港地名的通名分类 ………………………………………… (18)
  四　深港地名的专名分类 ………………………………………… (20)

第三章　深港地名文化的异同 ………………………………………… (30)
 第一节　深港地名所反映的相同地域文化 ……………………… (30)
  一　古越族地名及其文化 ………………………………………… (30)
  二　广府地名及其文化 …………………………………………… (36)

三　客家地名及其文化 …………………………………………（41）
　　　四　福佬地名及其文化 …………………………………………（47）
　第二节　深港地名文化的不同之处 ………………………………（51）
　　　一　深圳地名所体现的改革创新文化 …………………………（51）
　　　二　香港地名所体现的殖民文化和西方文化 …………………（52）

第四章　深港地名文化景观的形成机制 ……………………………（55）
　第一节　原住族群和移民与深港地名的文化景观分布 …………（55）
　　　一　深港地名的民系结构和层次 ………………………………（55）
　　　二　移民和深港地区地名文化景观的分布 ……………………（57）
　第二节　湿热的气候、复杂的地形与深港
　　　　　地名的形成 …………………………………………………（58）
　　　一　湿热气候与深港地名 ………………………………………（58）
　　　二　复杂地形与深港地名 ………………………………………（59）
　第三节　行政干预与文化殖民对深港地名的影响 ………………（61）
　　　一　行政干预对深港地名文化的影响 …………………………（61）
　　　二　文化殖民对深港地名文化的影响 …………………………（62）
　第四节　语言的使用规律和认知规律对深港地名的影响 ………（63）
　　　一　语言文字与地名 ……………………………………………（63）
　　　二　语言的使用规律和认知规律对深港地名的影响 …………（65）

第五章　深港地名存在的问题及其规范与保护 ……………………（67）
　第一节　深圳地名存在的问题 ……………………………………（67）
　　　一　重名问题 ……………………………………………………（68）
　　　二　一地多名或名不副实问题 …………………………………（69）
　　　三　同音近音问题 ………………………………………………（70）
　　　四　地名缺乏特点，不具识别性 ………………………………（70）
　　　五　地名标牌语言混乱及缺失问题 ……………………………（70）
　第二节　香港地名存在的问题 ……………………………………（71）
　　　一　重名问题 ……………………………………………………（71）
　　　二　一地多名 ……………………………………………………（71）
　　　三　记录偏误 ……………………………………………………（72）

四　地名翻译的偏误 …………………………………………（72）
　　五　中英文地名不对应 ………………………………………（74）
　第三节　深港地名的规范化建议
　　　　　及其文化遗产保护 ………………………………………（75）
　　一　深港地名的规范化建议 …………………………………（75）
　　二　深港地名的文化遗产保护 ………………………………（78）

第六章　深港部分地名由来考略 ………………………………（81）
　第一节　深圳部分地名由来考略 ………………………………（81）
　　一　深圳 ………………………………………………………（81）
　　二　皇岗 ………………………………………………………（82）
　　三　福田 ………………………………………………………（82）
　　四　车公庙 ……………………………………………………（83）
　　五　南山 ………………………………………………………（83）
　　六　罗湖 ………………………………………………………（84）
　　七　盐田 ………………………………………………………（84）
　　八　东门 ………………………………………………………（84）
　　九　龙岗 ………………………………………………………（85）
　　十　新安 ………………………………………………………（86）
　　十一　宝安 ……………………………………………………（86）
　　十二　凤凰山 …………………………………………………（86）
　　十三　大髻婆山 ………………………………………………（87）
　　十四　石岩 ……………………………………………………（87）
　　十五　应人石村 ………………………………………………（87）
　　十六　七娘山 …………………………………………………（88）
　　十七　观澜 ……………………………………………………（89）
　　十八　沙头角 …………………………………………………（89）
　　十九　牛始埔 …………………………………………………（90）
　　二十　八卦岭 …………………………………………………（90）
　　二十一　王母围 ………………………………………………（90）
　　二十二　坑梓 …………………………………………………（91）
　　二十三　南头村 ………………………………………………（91）

二十四　马峦山 …………………………………………（91）
　　二十五　官田村 …………………………………………（92）
　　二十六　坪山 ……………………………………………（92）
　　二十七　向南村 …………………………………………（92）
　　二十八　恩上村 …………………………………………（92）
　　二十九　笋岗 ……………………………………………（93）
　　三十　　布吉 ……………………………………………（93）
　　三十一　蛇口 ……………………………………………（93）
　　三十二　上步村 …………………………………………（94）
　　三十三　君子布村 ………………………………………（94）
　　三十四　葵涌 ……………………………………………（94）
　　三十五　大鹏 ……………………………………………（95）
　　三十六　公明 ……………………………………………（95）
　　三十七　蔡屋围 …………………………………………（95）
　　三十八　平湖 ……………………………………………（96）
　　三十九　福永 ……………………………………………（96）
　　四十　　沙井 ……………………………………………（96）
　　四十一　西乡 ……………………………………………（97）
　　四十二　松岗 ……………………………………………（97）
　　四十三　中英街 …………………………………………（98）
　　四十四　大鹏所城 ………………………………………（98）
　　四十五　沙头 ……………………………………………（99）
　　四十六　白石洲 …………………………………………（99）
　　四十七　莲花山 …………………………………………（100）
　　四十八　龙华 ……………………………………………（100）
第二节　香港部分地名由来考略 ………………………………（100）
　　一　香港 …………………………………………………（100）
　　二　九龙 …………………………………………………（101）
　　三　上环、中环、西环 …………………………………（102）
　　四　西贡 …………………………………………………（103）
　　五　赤鱲角 ………………………………………………（103）
　　六　薄扶林 ………………………………………………（103）

七　吐露港 …………………………………………………（104）
八　屯门 ……………………………………………………（104）
九　粉岭 ……………………………………………………（105）
十　七姐妹道 ………………………………………………（105）
十一　诗歌舞街 ……………………………………………（105）
十二　皇后大道 ……………………………………………（106）
十三　裙带路 ………………………………………………（106）
十四　赤柱山 ………………………………………………（107）
十五　青衣 …………………………………………………（107）
十六　日街、月街、星街 …………………………………（107）
十七　筲箕湾 ………………………………………………（107）
十八　新界 …………………………………………………（108）
十九　落马洲 ………………………………………………（108）
二十　尖沙咀 ………………………………………………（109）
二十一　油麻地 ……………………………………………（109）
二十二　铜锣湾 ……………………………………………（109）
二十三　维多利亚港 ………………………………………（110）
二十四　调景岭 ……………………………………………（110）
二十五　火炭 ………………………………………………（110）
二十六　大屿山 ……………………………………………（110）
二十七　摩罗街 ……………………………………………（111）

附录一　深港地区地名通名特色用字一览 ………………（112）

附录二　地名录 ……………………………………………（116）

附录三　深圳市地名总体规划草案 ………………………（172）

参考文献 ……………………………………………………（192）

后　记 ………………………………………………………（197）

第一章

地名和地名学

第一节 地名和地名文化

一 什么是地名

正如人都有名字一样，地亦各有其名。专业地讲，地名是人们赋予某一特定空间位置上自然或人文地理实体的专有名称。

地名是人为赋予的，不是天生俱有的。"北京"历史上就曾有"蓟"（公元前1000年），"广阳郡"（秦）、"燕国"（汉晋）、"幽州"（唐）、"幽都府"（燕京）、"中都""大都"（辽）、"北平""北京""京师"（明初）、"北京"（明清）、"北平"（民国）等名称；"深圳"之地名也曾经历"宝安"（东晋）、"东莞"（唐）、"新安"（明）、"宝安"（民国）等变化，正说明了地名的人为特性。

但是，这种人为特性不是随意而为的，它是生活在该地的人们长期共同约定俗成的，是集体认知的结果。比如，"宝安"之名使用了一千多年，即使后来由于社会政治原因而改名"东莞"，也是经历了漫长的约定俗成过程。在相当长的一段时期，地名具有相对的稳定性；否则，其指称功能和标识功能就无法保障。因此，地名经过千百年来的口耳相传，最容易保留古音古义，这就是广州的"番（pan）禺"、深圳的"西涌（chong）"、山西的"洪洞（tong）"、江西的"铅（yan）山"、北京的"大栅栏儿（da shi la'r）"、河南开封的"繁（po）塔"仍读古音的原因。

地名是地理的反映。地理实体包括自然地理实体和人文地理实体,自然地理实体如山地、河流、丘陵、湖泊、海洋等,人文地理实体如城市、乡村、道路、桥梁、街道、建筑物等。但地名在反映地理时仅仅表示具有指位性质的地域,比如作为深圳地名的"地王大厦"是指建筑物及其周边的区域,强调的是其位置和地域,和地王大厦的高度、建材、结构、内部设施等没有关系。"深圳市"作为行政区域的地名,是指位于广东省南部,东经113°46′至114°37′、北纬22°27′至22°52′范围内的1996.85平方公里的区域,和深圳市的其他方面,如高楼大厦、山川风物、经济发展、男性女性均没有关系。

地名作为地域的名称,其载体是语言文字。文字发明以前的地名仅仅靠口头表达,世代口耳相传;文字出现以后,地名得以用文字记录。因此,地名其实是语言文字符号,语言文字的发展规律同样适用于解释地名的发展变化。比如,人们给地名命名时趋利避害、避凶求吉、避俗求正、避亵求雅,这和语言文字的运用规律也是一致的。连接镇江和扬州的长江公路大桥,起初命名为"镇扬大桥",但"镇扬"字面就有压制、抑制扬州的意思,扬州人不接受,必须回避"镇"字;镇江古名润州,于是就有高人提出以"润州"代替"镇江",命名为"润扬大桥"。"润扬",滋润扬州也,扬州人自然乐于接受;同时使大桥的名称既有现代气息,又有历史文化底蕴,皆大欢喜。

地名是指位的,汉字是字形、字音、字义的结合体,因此,汉语里的地名至少包括四个要素:位(区域位置)、形、音、义。地名一般由专名加上通名构成,专名是指专用的名称部分,它是识别个体地名的主要标志;通名是指通用的名称部分,是识别个体地名所属类型的标志。比如,"广东省""笔架山",其中的"广东""笔架"属专名,"省""山"属通名;"南山"中的"山"是通名,"南"是专名;"南山区"中的"区"是通名,"南山"是专名。

二 地名蕴含历史文化

地名是社会历史的产物,是人们在长期的生产生活中为了指示区域位置的需要而集体约定俗成的，它是历史的见证。深圳大学临后海而建，校内的教工住宿区当年因为可临窗观海，就命名为"海滨小区"；但如今因为填海造地，该小区距离后海已有几公里之遥，即使是站在楼顶，也被鳞次栉比的高楼遮掩，根本看不到海了，但"海滨"之名却保留和见证了这段临海的历史。"汉阳"这个地名最早出现于春秋时期，汉阳城本在汉水以北，"阳"本义就是水之北面（山的南面），故名汉阳；明代成化年初期，汉水改道，使得汉阳城位于汉水的南岸，但城市并没有更名为"汉阴"（阴本义是水南山北）。"汉阳"之名就是汉水改道的历史见证。

深圳有很多带"田"字的村庄，如田背、田心、田寮、田畬、田面、田头、田脚、坂田、水田、沙田、田径、田埔、田湾、田作、马田、黄田、金田、新田、洪田、稔田、荣田、格田、旱田、下田、西田、福田、罗田、田寮下、牛田埔、田心围、田祖上、田作村、田头埔、田段心、积谷田、良安田、深水田、乌蛟田、周田莆等。这些地方虽然经历沧桑巨变，如今高楼林立，喧嚣繁华，难觅昔日的田园风光，但这些"田"字地名则保留了其曾作为农田、农庄的历史，也反映了该地悠久的稻作文化。虽然深圳的盐田、盐灶、盐寮、盐村、盐寮下、盐排、盐场、盐田径、盐田排、盐田仔、盐田村（西乡）、盐田坳、盐下灶村等地早已不再造田晒盐，但这些地名则是它们作为古盐场的最有力证明。

深圳的车公庙是为了纪念车公而建的庙宇。相传车公本是南宋宋端宗国舅杨亮节旗下一名勇将，南宋末年，南方沿海地区疫症连连，车公威武善战，同时深谙医理，救民于水火。该庙已经不存在了，但作为地名的"车公庙"仍在使用，如车公庙地铁站、车公庙公交站等。香港目前有三个有名的车公庙，分别是元朗横洲二圣宫、西贡蚝涌车公古庙以及沙田车公庙。无论地理实体是否存在，"健在"的地名都可以作为历史的见证。

南海诸岛自古就属中国管辖，也可从地名的角度确证这段历史。在不同的历史时期，南海有着不同的称谓，汉代称南海诸岛为"崎头"，三国东吴孙权命名东沙群岛为"珊瑚洲"，隋代为西沙群岛起名"焦石山"，唐代以"象石"称西沙群岛，《宋会要》第一次以

"石塘"之名泛指南海诸岛,《元史》中的"万里石塘"指今西沙、南沙群岛,明《郑和航海图》以"石塘""石星石塘""万生石塘屿"为今之西沙、东沙、中沙和南沙群岛之名。清代为南海诸岛的命名就更具体,仅海南渔民使用的《更路簿》就有十多种,给各岛、礁、滩、洲所取的地名多达 120 个。可见,南海诸岛为中国人最早发现、最早命名,根据相关国际法,理应属中国领土。地名作为强有力的历史证据,就具有了国际政治和外交意义。

地名所蕴含的历史文化,还可以作为考史的重要依据。西晋末年,五胡乱华,中原沦陷,元帝南渡,中原诸民相继南迁;南迁的北人,怀念故土,不忘北归,就根据他们的旧籍贯侨置所居住的州、郡、县。比如,晋初兰陵郡和东莞郡在今山东省境内,五胡乱华后两郡诸民迁徙到现在的江苏省武进县境内,于是就在该地设置了兰陵郡和东莞郡,这就是"侨郡"。① 北方原有的徐、兖、青、司、豫、雍、秦、幽、冀、并等在东晋都有侨州,仅京口(今江苏镇江)一地,就侨置了徐、兖二州和 10 多个侨置郡。《宋书》所记载的侨郡有 23 个,侨县 75 个。这些民系迁徙,由于多发自民间,正史所载寥寥。著名历史地理学家谭其骧先生所撰《晋永嘉丧乱后的民族迁徙》② 一文就利用这些侨置的州、郡、县名详细考证了民系迁徙的踪迹。台湾人口多来自福建南部泉州、漳州、嘉应州和广东东部的惠州和潮州,这种民系迁徙,在地名上也留有踪迹,在今天的台湾地名中,就有 9 个泉州(5 个叫泉州厝)、4 个同安村、3 个同安厝、2 个安溪、2 个安溪厝和 5 个镇平,还有 3 个海丰村及 1 个海丰庄、海丰坡和陆丰村。钱穆先生在《再论楚辞地名答方君》中就指出这种地名"迁徙"的独特价值:"异地同名,绝非同时并起,亦非偶然巧合。古人迁居不常,由此至彼,往往以故地名新邑……故鄙论谓探索古史地名,有可以推见古代民族迁徙之遗迹者……故湖南地名有与湖北相同者,大抵皆湖北人迁徙至湖

---

① 罗常培:《语言与文化》,语文出版社 1989 年版,第 54 页。
② 谭其骧:《晋永嘉丧乱后的民族迁徙》,《燕京学报》1934 年第 15 期,第 51—76 页。

南，而挟故乡之旧名以肇锡兹新土，非湖南之山水地自始有此名，与湖北所有者暗合。"①

地名不仅是语言符号，也是文化的载体，它是语言和文化的结晶。地名有着丰富的历史、地理、语言、经济、民族、社会等人文内涵，是一种特殊的文化现象，是人类历史的"活化石"。2007 年第九届联合国地名标准化大会暨第二十四次联合国地名专家组会议上，确定地名属"非物质文化遗产"，适用《保护非物质文化遗产公约》。

地名还能反映民族文化的特质。古代岭南越族以"鹤""鸡"等禽鸟为图腾，形成了具有浓郁民族特色的图腾文化，这种文化在地名上也有反映。至今，广州仍保留有白鹤洞、鹤边、鹤鸣，番禺有鹤洲、鹤溪、鹤庄，深圳有鹤园、鹤村，斗门有鹤咀、鹤兜山、鹤洲山，高州有鹤山、鹤山坡，惠阳有鹤埔、鹤湖、鹤山，博罗有鹤溪、鹤田、鹤岭，龙川有鹤市、鹤联，潮阳有鹤洋、鹤丰等带有"鹤"字的地名。② 古代封建王朝唯恐百姓谋反作乱，尤其担心战略要地或山高皇帝远的偏远地区，就用带有绥、威、镇、宁、安、平、武等字的词语来命名这些地方，寓意是王朝能威震各地，四方能安宁归顺、太平长治，如归绥、迪化、镇东、西安、长安、镇西、北平、长治、吉安、平东、平西、平江，安邑、安岳、安海、南宁、靖西、靖远、靖江，宁南、宁西、宁陕，威远、威州、威县等地名。

"皇后大道"作为香港最著名的道路之一，其背后有一段将错就错的故事。皇后大道修建于 1842 年，是在填海区上建立的。当时港英政府的本意是修建一条"女皇大道"以纪念维多利亚女皇，所以将这条路命名为 Queen's Road。但在翻译时，由于中国本身的历史文化背景，不知"Queen"指的是女皇，而将"女皇大道"错译成"皇后大道"。这个错误一直到 1894 年才被当局政府发现，虽在报上登过更正启事，但由于历时已久，地名早已约定俗成，民众无法接受这一更改，于是一直沿用至今。香港中西区有个小街叫列拿士地台（Rednaxela Terrace），是英国人为纪念一个叫亚历山大

---

① 钱穆：《再论楚辞地名答方君》，《禹贡半月刊》1937 年第 7 卷第 1、2、3 合期。
② 司徒尚纪：《岭南史地论集》，广东省地图出版社 1994 年版，第 388 页。

（Alexander）的人命名的，当时的中国人书写时还是按照从右至左的顺序，Rednaxela其实就是Alexander字母的倒写。可见，即使是中国的英语地名，也包含中国文化的元素。

地名反映地域文化的特色。冯骥才先生说："地名是地域文化的载体，是一个特定的文化象征，是一种牵动乡土情怀的称谓。"①北京的紫禁城、公主坟、八王坟、西苑、永定门、德胜门、安定门等地名，体现了其长期作为帝王之都的特色；作为帝都，历史上为了保卫京师，城内外都有大量驻军，进而出现了带有"营""卫"的地名，如后营村、营防村、四营村、留守左卫、大兴右卫、羽林右卫等。北京的"胡同"地名文化景观，上海的"里弄"地名文化景观，长城沿线的"关口"地名文化景观，西南地区的"坝场"地名文化景观等，都彰显了地名的地域特色。

地名也反映民俗文化。有些地名包含神话、传说和民间故事，具有特别的文化内涵。比如，南京地名"达摩洞""夹骡峰"就来源于一个传说：菩提达摩不辞而别离建康，梁武帝派人骑骡追赶，结果骡子突然被夹在山峰之间，达摩遂折苇渡江。湖北的孝感是著名的孝文化之乡，有着深厚的孝文化底蕴。南朝宋孝建元年（454年），因此地"孝子昌盛"，遂置县名"孝昌"。后唐同光二年（924年），庄宗李存勖因孝昌县名之"昌"字犯了其祖父名讳，遂根据汉代董永卖身葬父、孝行感天动地的故事，改孝昌县为孝感县。《二十四孝》即载有董永卖身葬父的传说：董永少年丧母，其后父亲亡故，董永卖身至一富家为奴，换取丧葬费用。上工路上，于槐荫下遇一女子，自言无家可归，二人结为夫妇。女子以一月时间织成三百匹锦缎，为董永抵债赎身，返家途中，行至槐荫，女子告诉董永自己是天帝之女，被董永孝行感动，特下凡帮助董永还债，言毕凌空而去，槐荫也因之改名孝感。"七娘山"是深圳的第二高山，其得名据说是源于一个传说：有七位仙女云游至此，沉醉于美景之中，不肯归于天庭；玉帝闻知，急召雷神追击，仙女们誓死不从，玉帝大怒，遂将她们变作七座山峰，七娘山因此得名。

---

① 冯骥才：《地名的意义》，《人民日报》2010年12月6日。

三 改地名的得与失

地名是人为的，也是可以改变的。历史上就曾有大量的地名因为各种原因而改动，比如唐肃宗时，因憎恨安禄山，就改易了全国34个带"安"字的郡县名："宝安县"改为"东莞"，"安定郡"改为"保定"，"安化郡"改为"顺化"，"同安县"改为"桐城"，等等。李德清先生《中国历史地名避讳考》[①]就考论了历史上因避讳改易的地名800余条。因避讳而改地名大约从秦始皇时肇始其端，汉代渐趋兴盛，六朝蔚然成风，唐宋登峰造极，至元而疏，明清又趋严苛，民国以后式微。其中，隋朝避讳地名45例，唐代57例，五代36例，宋代50例，共188例，约占避讳改地名总数的90%。可见，从隋至宋的700多年间，是历史上避讳改易地名的高峰期。

地名是历史的产物，是一个地区的文化符号，承载了该地浓厚的人文底蕴和悠久的历史文化。如前所述，历史上地名曾因国讳、官讳而几多改易，这种地名改易割裂了历史，影响了历史、文化、民俗的传承，使得许多发生在该地的历史事实、人物、典故、民俗、民间传说，随着地名的改易而变得不为人所知。陈垣先生在《史讳举例》中指出："避讳改地名，系一朝掌故；避讳改前代地名，则失史实矣，因当时并无此地名也。"[②]而且，这种地名改易在一定时期内还会造成地名使用的混乱，影响人们的生产生活。

近年来，一些地方出于发展旅游经济的目的，改易了地名，如云南中甸县根据英国作家希尔顿1933年出版的长篇小说《消失的地平线》中描述的遥远东方有一个叫香格里拉的世外桃源的情节，更名为香格里拉县；辽宁铁法市根据金代名将金兀术曾经在该市境内一座山上调兵遣将的传说，改名叫调兵山市；云南省思茅市因盛产普洱茶，改名普洱市；湖南大庸市境内有闻名遐迩的张家界风景区，遂更名张家界市；四川的南坪县改名为九寨沟县，灌县改名为

[①] 李德清：《中国历史地名避讳考》，华东师范大学出版社2001年版。
[②] 陈垣：《史讳举例》，中华书局2004年版，第37页。

都江堰市；福建的崇安更名为武夷山市；海南的通什更名为五指山市；辽宁的锦西更名为葫芦岛市。这些地名改易应该有得有失，是否成功，一时还难以评估；但既已约定俗成，就是重要的交流工具，业已成为地名文化的一部分。

拥有千年历史的太湖旅游代表地——苏州西山镇，近年来经济发展速度落后于周边地区，找到的原因是"西山"之名不好，日薄西山不吉利，遂更名为"金庭镇"。改名一定能促进旅游和经贸发展吗？景区品质、旅游资源、经贸环境才是根本。试问，如果确实因为地名不好，为什么会有该镇曾有的辉煌？经济不景气应该有地名之外的原因。

徽州始置于宋宣和三年（1121年），作为当地州、路、府的名称，有800多年的历史。1987年因境内有著名的黄山，遂更名为黄山市，原来县级的小黄山市更名为黄山区。"徽州"之名的消失，意味着与这个地名有关的文献和史料、历史人物、民间故事传说将越来越鲜为人知。而且，这种更名还带来了混乱，有人要游览黄山景区，但到了黄山市区，居然还有一个多小时的车程。改名之初就争议不断，现在复名徽州之声又不绝于耳，是否复名，我们拭目以待。

"襄阳"是一座具有二千多年历史的文化名城，卞和献玉、宋玉楚辞、荆州学派、隆中对、筚路蓝缕、阳春白雪、曲高和寡、百步穿杨、三顾茅庐、刮骨疗毒、相敬如宾、望衡对宇等典故和成语故事，都发生在襄阳。襄阳是一座典型的"双子城"，汉水将襄阳和樊城分为南北二城。"襄樊"作为政区名，始于1948年，而1983年政区变化，襄樊正式取代襄阳。但因此带来的文化传承、名实不符、指称混乱等问题，也给人们造成很大困扰，恢复襄阳之名的呼声高涨，终于在2010年11月26日，国务院批复同意襄樊市改回襄阳市。但这两次改易之间所浪费的巨大社会成本、对生产生活所造成的诸多混乱足以警示我们：改地名一定要慎重！冯骥才先生就曾呼吁："改名易名当慎，切勿轻率待之。无论是城名，还是街名，特别是在当今'城改'狂潮中，历史街区大片铲去，地名便成了一息尚存的历史。倘再将地名删去，历史便会彻底荡然一空。我们早晚会感到这种文化的失落,我们已经感到这种失落和茫然了!"①

地名和其他语言符号一样,也不是不可以变化的。比如,北京有一条最早是杀牛宰羊之地的胡同,于是取名为"牛血胡同",后来慢慢雅化为谐音的"留学胡同";有一条买卖驴的市场叫"驴市街",后也演化为高大上的谐音的"礼士街";"狗尾巴胡同"也被叫成谐音的"高义伯胡同"。但这些地名的改易是渐进的,是人们在使用过程中自觉利用避俗求雅、避凶求吉的认知规律逐渐约定俗成的,也是符合语言学发展规律的。在中越边境,有一重要关口曾名鸡陵关、大南关,清时改名为"镇南关",寓意"威震南越",但到1953年,出于适应中越同志加兄弟之外交关系的需要,更名为"睦南关",1965年又更名为"友谊关"。可见,随着社会的高速发展和时代进步、政区调整、国家政策和人们语言审美观念的变化,地名也可以调整变化,但一定要尊重历史,注重文化传承,遵循地名使用的约定俗成规律。

据传,湖南新晃、贵州赫章、贵州水城等地正在为争夺"夜郎"县名进行激烈竞争,还有人建议将"土气"的石家庄更名为西柏坡,将新郑改名为更"悠久"的轩辕。争地名也好,改地名也罢,其实是求出名,趋"名"逐"利",背后是利益在驱动,更深层的是政绩驱动:经济发展了,GDP提高了,这才有政绩。南京大学地理系教授马永立先生说:"地名是一个地区的文化符号,是地区信息的载体、信息交流的导向,频繁地改动不仅不会给当地经济带来飞跃,反而在一定程度上影响了企业和公众的生产生活。"②

地名之于我们这个民族,更具特殊的意义。农耕民族居有定所,安土重迁③,乡土中国,乡土观念,费孝通先生在《乡土中国》中说:"从基层上看,中国社会是乡土性的。"④地缘和血缘一样,是中国人挥之不去的情结;自古及今,能回也好,不能回也罢,故乡都是我们的精神家园。地名照亮了我们回家的路,是人们记住乡愁

---

① 冯骥才:《地名的意义》,《人民日报》2010年12月6日。
② http://blog.sina.com.cn/s/blog_3c46071f01018ccm.html。
③ 《汉书·元帝纪》:"安土重迁,黎民之性;骨肉相附,人情所愿也。"
④ 费孝通:《乡土中国》,北京大学出版社1998年版,第6页。

的地方，是当地人的集体记忆和文化约定。地名是地方历史文化的"活化石"，保护地名，就是保存大地上的历史，就是传承文脉，就是延续我们的文化 DNA！

第二节　地名学

一　什么是地名学

地名学就是研究地名的学问，具体地说，就是综合研究地名的由来、演变、词语构成、分布规律和功能的一门科学。比如，研究北京的 7000 余条胡同地名，就要对胡同的起源、形成、命名、变化、分布区域以及文化内涵进行深层次的调查、考证和研究。地名学的研究对象还应该包括和地名有关的历史、地理、语言、民族、民俗、宗教、文化等。地名学就是一门和以上诸多学科相关的交叉学科。

地名学和语言学有关：任何地名都是因为语言而存在，通过文字来记载。地名也是语言符号，研究地名的由来就需要用到语源学。地名学在很大程度上依赖语言学的发展，特别是方言学、语音学、社会语言学、语言地理学和传统语言学中的音韵学、训诂学，以及民族语言学、普通语言学、语义学等。

地名学和地理学有关。地名是地理的反映，是地域的称谓，它和测绘学、人文地理学、自然地理学都密切相关。

地名学和历史学有关。地名也是历史的反映和见证，研究地名需要用到历史学的知识和方法。

民族、社会、文化、民俗等在地名上都有反映，因此，地名学和民族学、文化学、民俗学、社会学都密切相关。

可见，地名学是一门和语言学、地理学、历史学、民俗学、文化学、社会学等学科密切相关的综合性的交叉学科。但是，有人却认为地名学是地理学的下位学科，也有人认为地名学属于语言学。我们认为，地名学不应是地理学、语言学等相关学科的附庸，而应该是一门独立的学科。如今，交叉学科的分化是大势所趋，学科知识的不断细化、学科的专门化也需要独立的地名学学科。作为独立学科的地名学，由于研究领域缩小，研究方法更具针对性，这将会更有利于地名学的学习、研究和应用。

地名学不仅要研究地名的概念、要素、构成、分类、功能、分布、演变、命名、更名、管理、研究等诸多方面，而且由于地名的产生、发展变化还要受到语言、地理、历史、政治、经济、军事、文化、风俗、宗教、心理等诸多因素的影响，进而使得地名学的研究成果可以作为相关学科研究的素材和重要依据。地名学的主要任务包括：地名分布规律的研究、地名的来源和演变的研究、地名系统的研究、地名用字的研究、地名文化的研究、地名的应用研究、地名的标准化研究以及地名学史的研究等。

历史悠久，文献丰赡，成就巨大，可以说是我国地名学研究的总体特点。对此，孙冬虎、李汝雯先生所著的《中国地名学史》[①]、华林甫先生所著的《中国地名学史考论》[②]都有非常详细的论述。近年来，地名学研究在综合地名研究、区域地名研究和地名文化方面也取得长足进展。对此，李树新先生在《内蒙古地名文化》[③]中也有比较多的介绍，兹不再赘。

二 有关深港地名的研究

有关深港地名及地名文化的研究，只有较少的论著有所涉及。司徒尚纪先生的论文《广东地名的历史地理研究》[④]涉及了深圳地名的个别用例；邵宜先生的论文《广东地名分布的特点及地名标准化问题》[⑤]也列举了若干深圳地名方言用字的例子；王彬等先生的论文《广东地名语言文化空间结构及景观特征分析》[⑥]分析了广东地名的语言文化景观，于深圳地名文化的分析有着参考意义；吴晓

---

① 孙冬虎、李汝雯：《中国地名学史》，中国环境科学出版社1997年版。
② 华林甫：《中国地名学史考论》，社会科学文献出版社2002年版。
③ 李树新：《内蒙古地名文化》，内蒙古大学出版社2013年版。
④ 司徒尚纪：《广东地名的历史地理研究》，《中国历史地理论丛》1992年第1期。
⑤ 邵宜：《广东地名分布的特点及地名标准化问题》，《语文研究》2004年第4期。
⑥ 王彬、黄秀莲、司徒尚纪：《广东地名语言文化空间结构及景观特征分析》，《人文地理》2012年第1期。

莉先生的论文《从理论到实践的地名规划探索——以深圳为例》[①]介绍了深圳地名规划的理论和实践。

饶玖才先生的著作《香港地名探索》[②] 分析了香港地名的词语构造，分十二类说明香港地名概况，并介绍了香港地名的管理工作；饶先生另有《香港的地名与地方历史（上）：港岛与九龙》[③]《香港的地名与地方历史（下）：新界》[④] 等两部著作，主要从地方历史文化的角度阐释一些香港地名。黄小华、邹嘉彦等先生的论文《从地名探索香港地区先民的族属来源》[⑤] 根据香港状语地名、瑶族地名和畲语地名的结构、语源、语意等特征，探讨了香港先民的族属来源。夏敏先生的论文《香港历史的地名透视》[⑥] 通过一些香港地名来说明香港的历史。王培光先生的论文《香港一些地名用字考》[⑦] 考论了十余个香港地名的方言用字。张洪年先生的论文《香港地名中的闽语和客语成分》[⑧] 介绍了一些香港地名中闽方言用字和客家方言用字。

综观以上研究，所涉及的深港地名文化的研究是零散的、碎片化，也是不全面的，目前还没有专门深入比较研究深港地名文化的论著。本书拟全面系统研究深港地名共性特征、地域特色及二者的不同之处，分析深港地名文化景观的形成机制，考察深港地名存在的问题，并提出地名的规范化建议，考论部分深港地名的由来及演变。

[①] 吴晓莉：《从理论到实践的地名规划探索——以深圳为例》，中国城市规划年会，2007 年。

[②] 饶玖才：《香港地名探索》，天地图书有限公司 2003 年版。

[③] 饶玖才：《香港的地名与地方历史（上）：港岛与九龙》，天地图书有限公司 2011 年版。

[④] 饶玖才：《香港的地名与地方历史（下）：新界》，天地图书有限公司 2012 年版。

[⑤] 黄小华、邹嘉彦：《从地名探索香港地区先民的族属来源》，《中国社会语言学》2004 年第 1 期。

[⑥] 夏敏：《香港历史的地名透视》，《南京大学学报》2001 年第 4 期。

[⑦] 王培光：《香港一些地名用字考》，《方言》2000 年第 2 期。

[⑧] 张洪年：《香港地名中的闽语和客语成分》，第 38 届国际汉藏语会议论文提要，2005 年 10 月。

第二章

深港地名概况

第一节 深港概况

一 深港的地理概况

深圳别称鹏城，地处广东省南部，珠江三角洲东岸，东临大亚湾与大鹏湾，西至珠江口伶仃洋与中山市、珠海市相望，南至深圳河与香港毗邻，北与东莞市、惠州市接壤；位于东经113°46′至114°37′、北纬22°27′至22°52′之间，总面积为1996.85平方公里。全市依山临海，属亚热带湿润气候，地表水系发达，有大小河流160余条，分属东江、海湾和珠江口水系；流域面积大于100平方公里的河流有深圳河、茅洲河、龙岗河、观澜河和坪山河等5条。深圳呈狭长形，东西长，南北窄，多为低丘陵地，北面和东北面多为山地和丘陵，西部沿海一带是滨海平原。

香港位于广东省珠江口东侧，主要由香港岛、九龙半岛、新界（包括大屿山及230余个大小岛屿）等三个部分组成，位于东经113°50′至114°26′、北纬22°09′至22°34′之间，陆地面积1104.32平方公里。香港三面环海一面环山，东面濒临大鹏湾，南面与珠海万山群岛毗邻，西面隔着珠江与澳门及珠海市相望，北面以深圳河及沙头角河为界，与深圳市相连。香港陆地多为山岭和丘陵，平原较少，属亚热带湿润气候，径流丰富，但河流短小，主要有城门河、梧桐河、林村河、元朗河和锦田河等，海岸线长达870公里。

经过百余年的陆续填海，它的陆地面积在不断增加。①

二 深港的历史沿革

深港地区有着6700多年的人类活动史。早在新石器时代，就有原住居民百越人以渔猎为生，在这片土地上繁衍生息。距今6000—7000年的深圳大鹏"咸头岭遗址"，是迄今发现的深港地区最早有古人类活动的遗迹，被评为"2006年中国十大考古新发现"之一。

鸦片战争以前，由于深圳、香港毗邻，深港两地的历史沿革和政区沿革基本相同；鸦片战争以后，深圳和香港划境分治。

（一）鸦片战争以前

1. 先秦两汉时期

早在新石器时代中期，就有原住百越民族在深港地区繁衍生息；夏、商、周时期，深港地区是岭南百越部族远征海洋的驻脚点之一；居住在沿海沙丘谷地区域的百姓，是百越部族的分支——"南越部族"，他们以捕鱼、航海为生，甚少农垦。

秦始皇统一中国后，于公元前214年在岭南设置南海、桂林、象郡三郡，先后从中原谪徙50万人与百越部族杂居，开发岭南，深港地区此时隶属南海郡（郡治广州）番禺县管辖。《史记·始皇本纪》记载："三十三年发诸尝逋亡人、赘婿、贾人略取陆梁地，为桂林、象郡、南海，以适遣戍。"《晋书》亦载秦"以谪戍卒五十万人守五岭"。时至汉代，深港地区则又改为隶属南海郡博罗县管辖。

2. 东晋咸和六年至明万历年间

东晋咸和六年（331年），南海郡东部被划出，另设一个东莞郡，下辖宝安、兴宁、海丰等六县，深港地区隶属宝安县管辖，县城就是今天的深圳南头城。隋朝又废东莞郡，将辖地并入广州府南海郡，宝安县也改为隶属南海郡，深港地区仍归宝安县管辖。

唐朝至德二年（757年），因憎恨安史之乱首领安禄山之"安"字，改宝安县名为东莞县，深港地区仍隶属东莞县。深港地区在宋朝时是南方海路贸易的重要枢纽，属广州香山县，至元朝隶属广州

---

① 以上部分内容参考了深圳政府在线以及饶玖才先生著《香港地名探索》，中国香港天地图书有限公司2003年版。

路，明代隶属广州府。

3. 明朝万历年间至鸦片战争

明万历年间（1573年），为打击海盗，加强海防管理，从东莞县划出部分区域成立新安县，取"革故鼎新，转危为安"之意，县治所设在南头，深港地区即属新安县管辖。自此一直到中英鸦片战争，深港地区一直隶属广州府新安县管辖。

（二）鸦片战争以后

1. 香港

鸦片战争以后，英国迫使清政府先后签订《南京条约》（1842）、《北京条约》（1860）和《展拓香港界址专条》（1898）等条约，香港岛、九龙和新界被割让、租借给英国，原属新安县的香港地区成为英国的殖民地。香港因此与深圳（当时名为新安县）划境分治。

1997年7月1日，中国对香港地区恢复行使主权，香港成为中华人民共和国的一个特别行政区。目前，香港设有18个市辖行政区，分别是香港岛的中西区、湾仔区、东区、南区，九龙半岛的油尖旺区、深水埗区、九龙城区、黄大仙区、观塘区，新界的北区、大埔区、沙田区、西贡区、荃湾区、屯门区、元朗区、葵青区、离岛区。

2. 深圳

民国时期（1914年），为避免与河南省新安县名重复，广东新安县恢复旧名"宝安县"。

1979年3月，宝安县被改为深圳市；1980年8月，在深圳市设置经济特区，地域包括今罗湖、福田、南山三个区；2010年5月，深圳经济特区范围扩大至全市。截至2018年10月，深圳共设有9个市辖行政区，即福田区、罗湖区、南山区、盐田区、宝安区、龙岗区、龙华区、坪山区、光明区，还设有1个功能区，即大鹏新区；下辖69个街道、近800个社区。

三 深港地区的原住民及其方言

地名的命名和原住民有关，最早的地名一般是用原住民使用的方言来命名的。

深港地区在秦代以前主要居住的是百越部族的一支——南越部族。自秦代始，中原地区的汉人逐渐迁入并和百越部族杂居。深港地区的主要原住民是广府人和客家人，另有少量的福佬人散居。1980年深圳特区建立前，以东主要是客家人，广九铁路以西主要是广府人。深港本地方言主要是粤语（莞宝片）和客家话（粤台片），另有大鹏话，通行于大鹏新区，属于粤、客混合体，还有少量福佬人社区讲闽南方言（潮汕话）。据宝安县志记载，改革开放以前，深圳的本地方言中，客家话占56%，粤语占35%，其余为大鹏军话和其他土语。

深圳粤方言主要分布在深圳中西部一带及南部部分的原住民村落，范围包括光明区、宝安区的西乡、福永、沙井、松岗以及南山区、龙华区、罗湖区、福田区的部分区域，代表语言是沙井话和公明话。深圳客家话主要分布在龙华区，宝安区的石岩、观澜，龙岗区的布吉、坪山、坑梓、坪地、横岗、葵涌等地。大鹏军话属于古代北方驻军语言，其地域分布范围主要在深圳最东缘的大鹏半岛，包括大鹏和南澳。围头话被当地人称为"当地土话"，其居民大部分原籍江西，部分祖籍安徽、河南等地，属于历代中原居民南迁至深圳而形成的一种独特方言，主要在今深圳市福田和罗湖的原住地区使用。深圳的基围话，是20世纪二三十年代到50年代从广州、东莞、番禺、南海等地移民过来的基围人所使用的方言，主要分布在南山的大新、白石洲及宝安区的新安、西乡、福永、沙井等地，使用人口约1.6万。粘米话是一种客语和闽语的混合方言，主要分布在深圳东北面的坪地、坑梓部分土著地区，使用人口数百人，属濒危方言。

第二节　深港地名的命名和分类

经过数千年来的人类聚居，深港地区形成了2万余个大大小小的地名。这些形形色色的地名看似杂乱无章、庞杂纷繁，但它们是一个有层次、有类别、有大小的地域指位系统。

一　深港地名的管理分类

地名如何分类，是一个很复杂的问题。根据国务院 1986 年颁发的《地名管理条例》，地名包括以下几类：

（1）自然地理实体名称，包括山、河、湖、海、岛以及地域的名称。

（2）行政区划名称，包括省、市、区、县、乡、镇及街道等的名称。

（3）居民地名称，包括城镇、区片、开发区、自然村、片村、农林牧渔点及街巷居民区、楼群、建筑物等的名称。

（4）各专业部门使用的具有地名意义的台、站、港、场等名称，包括交通、水利、电力设施、企事业单位、名胜古迹、纪念地等的名称。

深港地区都有以上几类地名，这里不再举例。

二　深港地名的词语结构分类

地名一般由专名＋通名构成。深港地名的词语组合结构主要有以下几种形式。

（一）通名＋方位词

如：江边、街边、塘边、浪尾、坑尾、塘尾、城外、楼下、田下、岭下、涌下、向南、仓前、巷头、墩头、塘头、溪头、湾头、田心、沥背、坳背等。

（二）方位词＋通名

如：后海、后亭、南水、南园、南山、南畔、南洞、东埔、东坑、西田、西边、上屋、上排、上寮、下排、上环、上水等。

（三）形容词＋通名

如：大涌、大凼、大园、大田、新塘、新围、新屋、新桥、旧圩、平山、长岭、长圳、赤湾、福田、丰田、吉垄、兴围、洪田等。

（四）数量词＋通名

如：九街、叁盛、四丰、三和等。

（五）名词+通名

如：吴屋、阮屋、龙屋、林屋、笋岗、梅岭、草埔、草围、荔园、竹村、蚝涌、渔市、鹤围、牛湾、鹤州、蚌岗、泥岗、石厦、石街、沙埔、盐田、根竹园、竹子林、龙眼山等。

（六）专名+通名+通名

如：禾塘坑、蔡屋围、薯田埔等。

（七）无通名词形

如：罗芳、大新、茶光、燕川、茶树、灶下等。

三 深港地名的通名分类

地名的通名分类是依据地名所指称的个体地域的属性分类，因为通名反映了地名所指代的个体地域属性。比如，"观澜湖""后海""深圳河""西涌"等地名中的通名"湖""海""河""涌"所指的是这些地名所覆盖地域的水体状态，"深圳市""罗湖区""桃源街道"中的"市""区""街道"所指的是这些地名所覆盖地域的行政建置和区划。

作为命名依据的个体地域特征，可分为自然和人文两大类：前者多以山水田海为主，后者多以历史事迹和人的主观愿望为主。有的自然地理地名加上表示政区或聚落的通名，或者加上表示方位的词，就成了人文地理地名。

（一）自然地理地名

1. 陆地地名

深港地区地貌类型丰富，主要地形包括山地、丘陵、平原以及盆地，近海还有海岛。含有地形特征的通名有"山""坑""岭""埔""地""沙"等。"山"即地面形成的高耸部分，"坑"即地面上凹下去的地方，"岭"即山脉、山峰，"埔"为山间的小平原，"地"指广阔平坦的地区，"沙"是指泥沙沉积的陆地、海水冲击而成的沙滩。

深圳的地形地名如梧桐山、七娘山、大笔架山、排牙山、田心山、羊台山、羊坑、汤坑、吉坑、沙坑、记子坑、尖峰岭、赤花岭、围岭、求水岭、沙埔、巷头埔、黄麻埔、坪埔、四方埔、虾地、水头沙、白沙、三门岛、大鹏半岛等。

香港地区的地形地名则有马鞍山、渣甸山、哥连臣山、柏架山、黄竹坑、大坑、摩星岭、八仙岭、沙田岭、大埔、黄獠地、落禾沙、万顷沙、红山半岛、奇力岛等。

2. 水域地名

深港地区位于中国南部，受亚热带季风性气候和以山地丘陵为主的地形影响，沿海河网密布，地表水系发达，形成复杂多样的水域地名。深港的水域地名主要包括含"河""湾""涌""塘"等字眼的地名。"河"即自然形成的水道，"湾"为河流弯曲、海湾凸入陆地的地方，"涌"为近海的小河流，"塘"为中央低陷的水池。

深圳的水域地名如大沙河、观澜河、坪地河、布吉河、赤湾、北湾、南湾、盐田湾、南澳、西涌、蚝涌、灶下涌、菱塘、马塘、龙塘、三星塘、旱塘、格塘等。

香港的水域地名如春坎湾、赤柱湾、大潭湾、大浪湾、鹿洲湾、石澳、水泉澳、将军澳、榕树澳、鲗鱼涌、三桠涌、观塘、油塘、九龙塘等。

（二）人文地理地名

1. 政区名

深圳的政区名如福田区、南山区、罗湖区、盐田区、龙华区、坪山区、龙岗区、宝安区、光明区、西丽街道、观澜街道、松岗街道等；香港分18个行政区，香港岛有中西区、湾仔区、东区、南区，九龙有油尖旺区、深水埗区、九龙城区、黄大仙区、观塘区，新界有北区、大埔区、沙田区、西贡区、荃湾区、屯门区、元朗区、葵青区、离岛区。

2. 聚落名

聚落是人类聚居和生活的场所，分为城市聚落和乡村聚落。聚落名包括城镇名、村落名、街巷名和里弄名等。深港地区的农村已基本消失，但还保留一些村落名，如深圳十大客家古村落：华侨城甘坑客家小镇、观澜版画村、鹤湖新居、大万世居、高岭古村、西丽麻磡村、西乡黄麻布古村、新桥世居、田丰世居、大鹏所城。

以"村"做聚落的通名，如深圳的矮岗村、大望村、河背村、高山村，香港的乐富村、广田村、马上村、小坑村等。

广府人的聚落常以"围"做通名，如深圳龙华的老围，皇岗的上围、下围；香港有吉庆围、天水围等。

客家人的聚落常以"屋"做通名，如深圳的陈屋、黄屋、吴屋、阮屋等，香港的曾大屋、屋场、罗屋、苏屋等。

福佬人的聚落常以"寮"做通名，如深圳的田寮、上寮、下寮，香港的香粉寮、茶寮凹等。

四　深港地名的专名分类

地名的专名分类就是按照地名命名的依据和方式进行的分类，专名一般反映的是地名的命名依据。比如香港的狮子山，因山顶的形状像一只狮子，故名。深圳大鹏湾西岸有一岛屿呈半月状，形似女子蛾眉，故名为蛾眉洲。

（一）以地貌命名

深圳的"蛇口"，其地貌南高宽、北低窄，形似出洞的蛇头，东侧山嘴像张开的蛇口，于是名为蛇口。"金龟村"位于深圳市坪山新区的东南部，因为附近有一座山形似金龟，当年古商道上路过的人在此歇脚时，看到这个位于"龟肚子"上的村子，便起名金龟肚，后来"肚"字被省略，由此有了金龟村。"龙岗"的山冈犹如一条伏卧的巨龙，传说是厌倦天宫寂寞生活的仙女降落凡尘，四方飘游，看到龙岗这一带气候温和、水草丰茂，心生留恋而留居，群龙便环绕护卫，化作山冈，因此而得现名。此外，深圳的猫头山、石头岭、狮头岭、虾山、龟山、虎头山、笔架山、蛇头坳、棺材石、牛尾岭、鹅公坡、鹰嘴山等，都以地貌命名。

香港以地貌命名的例子也很多。"象鼻崖"是因山崖突出如大象的鼻子；铜锣湾原指今维多利亚公园的海湾及其东岸，因为该处的海岸线像一个铜锣，因而得名。"棺材角"处于西贡半岛北部岸边，岩石多直角，受风化后裂成长方形，状似棺材，故得名。沙田"望夫石"远望像一妇人背子站立，等候丈夫回家，因而得名。塔门以西有一堆斜尖方顶的方柱石，像一群孝子伺候着灵堂，故名"孝子角"。在东平洲，有一条长达百米的石脉，其纹理稠密，石质坚硬，经风化后整条石脉突出地面，从山腰伸展入海，就像一条潜入水中的龙，因而得名"龙落水"。清水湾半岛南端有一个小海湾，三面环山，北面出口较狭窄，整体形状像一个布袋，所以渔民称它为"布袋澳"。①

(二) 以方位命名

有的专名显示方位，多用方位词前、后、上、下、左、右、东、南、西、北等；也有用人体部位的词，如头、尾、嘴、背、口等来表示方位；还有用阴、阳来表示方位，山的南边因为能照到太阳，称为阳，山北称为阴，而水正相反，水北为阳，水南为阴。

明朝东莞所城（今南头城）建成之后，西乡就逐渐形成，原住民多姓陈，他们是南山陈氏分支，分居到此，因村子位于南头城西面，就以南头城为坐标，命名"西乡"。深圳以地理方位命名的村子还有：东坑村、东角头、东坑莆、东乡村、东周村、东新村、东皋村、东安围、东门村、东和墟（今沙头角）、东涌村、东栅村、东庵排、向东村、坪东村、南岭村、南门墩、南山村、南水围、南园村、南社围、南畔村、南塘围、南澳渔村、南坑村、南坑埔、南洞村、南屋岭、向南村、向西村、西联村、西涌村、西乡村、西坑村、西沥村、西山村、西田村、西岭下、西贡围、西洋尾、坪西村、北头（投）村、北灶村、北角围、北港村、北龙村，上排村、上屋村、上川村、上洋村、上面岗、上水径、上李朗、上洞村、上角村、上坝村、上塘村、上輋村、上沙村、上星村、上寮村、上下坪村、上村（公明）、上南村（沙井）、下黄里、下排村、下屋村、下水径、下李朗、下洞村、下輋村、下陂村、下沙村、下步庙、下窝村、吓屋村、下寮村、下村（公明）、高原村、高岭村、高屋围、低山村等。

深圳罗湖区有不少地名都带有"贝"字，如"田贝""水贝""湖贝"。"贝"是"背"的一种简化写法，"背"是一种方位（后面），与"面"（前面）相对。所以，"田贝"是指田的后方建村，湖贝、水贝同义。与"田贝"相对的就是福田区的"田面"，指在

---

① 饶玖才：《香港地名探索》，天地图书有限公司2003年版，第27页。

田的前方建村。

香港的东湾和西湾，分别为长洲东面和西面的两个海湾，昔日农民在广阔的耕种区中央建屋立村，以方便作业。香港的西高山、南朗山、东涌、南丫岛、东龙洲、南围、北围等都是方位地名。香港也有用头、尾、背、嘴来表示相对位置的地名，如清水湾半岛的上洋和下洋，平洲的沙头、洲尾和洲背。

还有利用现成的地名，再加上显示方位的专名的地名，如香港的葵涌与上葵涌、沙田与沙田头、大埔与大埔头和大埔尾；深圳的上沙和下沙、樟坑径、樟坑径上围、樟坑径下围。上、下是相对的，有上必有下，因此用上、下表示位置的地名，大多是相对出现的，深圳的上梅林和下梅林、上屋和下屋、上白石和下白石、上排和下排、官上和官下、上新塘和下新塘、上水径和下水径，香港的上华山和下华山、东头村和西头村、上径口和下径口、上田寮和下田寮，即是如此。

（三）以景观特色命名

有的地名描绘该地的自然景观特色，如香港新界东北部的"红石门"，因海门两岸的岩石含丰富氧化铁，呈现红色而得名。大屿山南岸的沙滩，长达两公里，故称"长沙"。香港西贡一代的海域，因较少受珠江黄色河水的影响，海水清澈，故名"清水湾"；与此相似，以景观特色命名的还有深圳的"清水河""清水角"等。

香港粉岭龙山的流水声，与山谷岩石共鸣，特别响亮，成为当地特色，该处因此得名"流水响"。大屿山北端和马湾之间的海峡，为珠江口潮汛的主要通道，水流湍急，因此得名"急水门"。深圳宝安有个"玻璃围村"，200多年前，这里还是一片海滩，因为海泥淤积，滩涂逐年伸展，吸引外县移民到此围垦造田，可是他们所筑的堤围屡屡被海潮冲破，就像玻璃一样脆弱易碎，所以村围就被称为"玻璃围"。

（四）以物产命名

用当地物产命名也是深港地区常用的取地名方式。深港地区属亚热带湿润气候，地形多样，而且临海，各种物产种类繁多丰富，因此，物产地名也比较多。

深圳的龙眼园又称"龙眼围",历史上曾有一个规模很大的龙眼园。清朝新安县复界后,客家人迁入建围,直到现在,这里还种植很多龙眼。坪山的金龟乡有条山坑,曾盛产金钱龟,因而得名。上步的荔枝园,因为全园有555株荔枝,成为公园主要景物,园内还有荔枝楼可供游客观赏和品尝荔枝,所以取名为荔枝园。很长时间以来,依山傍水的"松岗"被称为"黄松岗"。早在宋咸淳六年,即1270年,这里就开始建立墟市,因墟场建在一个黄姓村落旁,村附近有一个长满松林的山冈,所以墟场就被叫成"黄松岗",1950年改称松岗。深圳的物产地名,再如木棉湾、梨园、竹园、杨梅坑、田螺坑、梅林等。

深圳地区以植物命名的有:龙眼山村、龙眼园村、桂花村、苦竹村、黄竹村、竹坑村、文竹村、竹园村、根竹园、竹园围、簕竹角、竹头背、黄竹圳、竹村、竹山下、雪竹径、菱塘村、莲塘围、蒲芦围、芋荷塘、茅平村、茅山村、荷岰村、白芒村、果园村、梅林村、游松村、榕树背、麻塱村、麻地村、蔗园埔、金桔村、桔岭村、梨园村、沙园仔、木棉湾、木古村、沙塘布、南布村、萝卜坝、姜头村、葵涌、兰围村、莘塘村、笋岗村、茶岗村、桑园村、香园村、杨梅坑、杨梅岗(龙岗)、梅仔村、梅林村、梅岭村、水萌村、水蕉村、蕉径村、蕉窝山、碧眼村、松山下、枫木寮、冬瓜岭、栗木岗、樟溪村、樟树莆(布)、樟坑径、樟树滩、樟畲村、草莆村、草围村、草莆仔、草塘围、苦草洞、荔枝窝、荔枝庄、梧桐寨、油柑头、百合村、黄果圳等。以动物命名的村落有:凤凰村、凤凰岗村、凤岗里、凤石村、鹤洲村、鹤坑村、鹤斗村、鹤薮村、鹤寮村、龙门村、龙口村(横岗)、青龙头、龙岗仔、水背龙、龙背村、龙井村、龙溪村、龙塘围、龙湖村、龙山村、龙西村、龙田村、龙兴围、龙湾村、黄龙湖、黄龙陂、吉龙村、井水龙村、龙华墟、狮头岭(龙华)、白虎头村、象岭村、象角塘、鳌湾村、鳌匝村、鳌(牛)湖村、蚌岗村、蚌岭村(观澜)、蚝涌、金龟村、龟(桂)庙村、鸭母脚村、燕川村。还有以动物的粪便起村名的,如牛屎埔(俗名,屎、始音近)村、马尿(料)水、料(尿)坑村、大芬(粪,俗名)村、羊屎村、鸭屎围(沙湾的南岭村)、鸡屎墩、猪屎坑村等。深圳以矿物珠宝命名的村庄有：珠岗（光）头、金地村、金成村、黄金洞村、金沙村、铁岗村、高铁村、铁场村、铁屎湖、铁屎墩（横岗）、玉塘村、玉勒（律）村、铜鼓围、锡降村、玻璃围（福永）、水贝村（公明及罗湖翠竹各一）、弓村、石角头、石灰陂、石灰湖、石陂头、石禾塘、石井村、应人石村、盘古石、石厦村、石岗村、石家村、石围村、石桥头、滑石子村、石凹村等。

香港的物产地名也比较多。例如，以野生灌木果实命名的有油柑头、红梅谷，以树木命名的有樟树滩、枫树窝、木棉下等，薄扶林一名源于此林有很多薄凫鸟栖息，以留鸟命名有画眉山、麻雀岭、鹰巢山及了哥岩，以候鸟命名的有鹤薮、白鹤洲、飞鹅山等，以昆虫命名的有蝴蝶谷、黄蜂岭、蚊坑、狗虱湾等。有关农业的各种作物的地名也很多，比如土瓜坪、水芋田、荔枝山、菠萝畬、韭菜垄、芽菜坑等，还有以海产命名的蛤塘、螺洲、蚝涌、鱿鱼湾等。

（五）以用途命名

土地可以有多种用途，比如农业生产、商业贸易、手工业制造等，而这些用途也会在地名上有所反映。

深圳自古就以盐业发达著称，"盐田"一名来源于盐田墟，当时含"墟"的地名大都与商业贸易活动有关。居民们在海边造田晒盐，清朝初年清政府便在此设立盐田汛，后来在如今盐田港区东北面的海滩上出现了一个交易墟市场。墟市越来越大，逐渐演变成为盐田村。与盐业相关的，还有盐寮下、盐田渚、盐下灶村等地名。

深港地区古代也以农业为原产业，与之相应的便有一系列的农业活动以及佃农居住的地方，或者存放工具及储藏原料的工作棚，比如香港的禾寮、谷寮、牛寮、鸡寮、鸭仔塘等地名。这些本只是附属乡村的次要地名，但后来村落发展，人口增加，便成为独立的村落名。

香港与制造业相关的地名也有许多，如香港的窑业多选在海边建窑，以方便运输，便有了上窑、灰窑下等地名。类似的地名还如大蒸场（酿酒）、面房（制面）、香粉寮（研木香）、糖坊（制糖）

等。香港中环的雪厂街因曾经作为一座储存冰块的冷藏库，为附近的医院及居民供应冰块而得名。[①]

(六) 以族群姓氏命名

中国古代社会是以血缘关系为纽带的宗法社会，宗法社会的人们往往按姓氏聚居，而以族群姓氏命名的聚落在中国地名中是很常见的，如刘庄、李村、卢氏县（河南）等。深港地区的姓氏地名也很多，如深圳的蔡屋围、赖屋山、周家村、邓家萌、孟公屋、袁家围、杨屋、李屋、陈屋、叶屋、洪围、巫屋、郑屋、林屋、钟屋、张屋、江屋、梁屋、庄屋、陈屋、曾屋、潘屋、文屋围、伍屋围、唐家村、罗屋围、佘屋、许屋、刘屋、冼屋、凌屋、任屋、池屋、黄屋、徐屋、郭屋、宋屋、赖屋、谢屋、黎屋、简屋、辛屋、何家围、李朗村、钟坑村、谢坑村、彭坑村、兰屋围村等。

同姓聚族而居，于是便以族姓作为聚落名，如深圳的洪围、巫屋、郑屋、张屋、江屋、梁屋、蔡屋围、赖屋山、周家村、邓家萌等。此类地名尤以客家人聚居区最为突出。在单姓的村落中，客家人通常是在姓氏的后面加"屋"字或者"家"字作为村名，如深圳的陈屋、冼屋、潘屋、温屋、李屋、徐屋等，香港的钟屋、罗屋、莫家等。但广府人的村落，通常都是在"屋"字后再加"村"字，如深圳的杨屋村、新屋村、钟屋村等，香港的梁屋村、盛屋村。此外，如果遇到两姓同居的村落，且人数差不多的情况下，一般采取两姓兼用，如香港的李郑屋和何文田。

(七) 以历史掌故命名

地名也是历史的反映，有的地名包含了相关的历史事件或人物，如前述的"车公庙"。深港两地有很多历史地名，反映了深港地区的历史文化。

固戍位于深圳的西乡镇，宋朝时是一个纯军事要冲，从最初的屯门寨到固戍角寨，再到宋元之际的南头固戍寨，军营的名字就这样流传下来。历史上，固戍角寨的附近有个规模不大的居民小村，村名中可能就含有"固"字。现在的固戍保存有一座明朝晚期所建

[①] 饶玖才：《香港地名探索》，天地图书有限公司2003年版，第37—38页。

的祠堂，是深圳保存下来的最古老的祠堂之一。大鹏将军第位于深圳大鹏城东南，其拥有十几座屋宇，建于道光年间，至今已有一百多年的历史。将军第有两种说法，一说是清代骁将赖恩爵晚年解甲归田时所建；另一说是他的子孙为纪念先辈功业、光耀门第而建。深圳的历史地名还如东莞守御千户所城、大鹏守御千户所城、赤湾左炮台、宋少帝陵等。

清朝初年，为防止明朝遗臣郑成功从台湾反攻，除了实行迁海政策外，清政府还在沿海一带山岭设置了墩台，派兵驻守，如果有船只靠近，就举烽火示警，位于香港狮子山旁的一个山头便因此得名为烟墩山。再如，清代广东一个叫张保仔的海盗，曾经占据香港岛，除建立了东营盘和西营盘外，还在港岛主峰硬头山建立瞭望站，如果有船只或者官方船舰接近，就扯旗为号，通知营寨，所以硬头山又称扯旗山。后来，张保仔归降，岛上居民认为此后再不受海盗骚扰，所以便把它称为太平山。香港的历史地名还如九龙的二皇殿村、大屿山的番鬼塘、港岛东部的渣甸山和太古城等。

有些地名还反映此地发生的掌故。深圳"君子布"村名的来历有这样一个美丽的故事。传说很久以前，有位饱读经书的秀才欲上京赶考，骑马路过该村，未及进村，见此地霞光万道，宛如上天垂彩布，吉祥无比，远远即下马伏地三拜，由衷而叹："此间必有君子也。"秀才为表谦恭步行进村，乡民们见秀才举止儒雅，风度翩翩，都极有礼貌地为他让路。秀才更不由放慢脚步，频频回首……后来，人们一语双关地把这里美称为"君子步村"。其意不仅包含君子走过此地，下轿步行之意，也称赞此地居民善良厚道，懂礼貌，有君子之风。后来，"君子步"逐渐谐音成"君子布"。（按：此说应该不可信，君子步当与水埠有关。）还有王母妆台、杯渡禅踪、凤凰岩、伯公坳、玉律等，都属于掌故地名。

香港大帽山南麓川龙附近，有一条大水溪，天雨时水流湍急。宋末幼帝和侍臣避元兵之乱，逃到九龙，当时一位姓曹的老臣在离乱时散失，大雨后不小心滑倒被冲到下游深潭遇难。后人为了纪念这位忠臣，就把这潭命名为曹公潭。清朝中叶，新界的很多沿海地方，经常受到海盗骚扰。据说当时青衣岛西北角的海傍为海盗占领，所有经过海峡的船只都被迫泊船，缴交买路钱后才放行，当时规定每次收费三百个铜钱。这个地方后来被称为三百钱。相似的地名还有红香炉山、红水桥、裙带路、赤柱、九龙等。

（八）以寓意命名

中国人取名字多寄托吉祥祝福之意，所取的地名也有不少这样的寓意。深港地区旧式的店铺名字，大都是用昌、隆、兴、生、发、裕、盛这几个字眼。这个习俗，亦用在地名。深圳的福田、福永、宝安这些地名透出浓郁的祝福含义，寄托了人们祈保一方平安、吉祥如意的美好愿望。

福田的名称来源于"福田村"，跟沙头黄氏有关。南宋光宗年间（1192年），上沙村的始祖黄金堂的第四子黄西孙迁到松子岭的南沿定居，带领儿孙开荒造田，因块块成格，就取名为"格田"，又因庄稼好似图幅，更名为"幅田"，后又改为"福田"，含"得福于田"之意。福田的来历，还有另一种说法，据说是来自宋朝的题词"湖山拥福，田地生辉"，也含有美好的寓意。

以寓意命名的地名还如深圳的万安堂、福民乡、年丰乡、太平乡、新安、常胜街、裕安街等，香港的如永安村、顺风围、逢吉乡、东成里（东成西就）、保民村、乐耕埔等。

一些动物如龙、凤凰、麒麟、狮子等，象征吉祥或精力充沛，人们常用于村名或地名，如香港的麒麟山、麒麟围、凤凰山、凤凰湖、龙跃头、龙兴、狮子屋，等等。另外，也有一些是祈愿长寿的，松柏都是长寿的树木，所以便作为村落的名字，如香港的松柏朗。这种祈愿，不单单是指人能够长寿，也寓意此地能长久存在，世代延续。

（九）以信仰、风水命名

儒、佛、道三大宗教和妈祖神灵崇拜在深港地区的影响也反映在地名上。如深圳的观音山、王母排，香港的慈云山、大帽山北麓的观音山等，都和佛教有关。深圳王母围的由来有民间传说，称是王母娘娘曾经在此梳妆，而围前的王母塘就是她梳妆时不小心将镜子遗落人间所致。香港屯门青山湾海滨有一座庙宇，一同供奉儒家的先师孔子、佛教的创始者释迦牟尼和道教的开山祖老子，所以称为三圣庙。香港九龙的黄大仙祠主要是崇祀道教先师，不过亦供奉佛教和儒教的祖师，该祠所在区域亦被称为黄大仙。深港地区和信仰有关的地名还如七娘顶、桂庙、求雨坪、大庙湾、钓神山等。

民间守护神在沿海地区的典型为妈祖，深圳便有相应的地名妈庙、妈湾。妈祖是以中国东南沿海为中心的海神信仰，是历代航海船工、海员、旅客、商人和渔民共同信奉的神祇。人们航海前先祭妈祖，祈求一路顺风。

深港地区自古就有相信风水的民俗，人们往往认为风水对自身及子孙的繁盛具有很大的影响。人们兴建屋宇和祖先墓地的时候，通常会考虑该地的环境、地形、山脉走向等，并用有关风水的词语作为地名。

深圳的"上步村"得名有几说，其中一说就和风水有关。约在元明时期，上步地区郑氏的祖先从河南辗转迁徙来到浦尾，即现在的福田区中信广场一带。郑氏先民决定在这里建村定居，于是请来风水先生找寻建村位置。当时埔尾与蔡屋围之间有一座山，山包层叠而上。村民们先在山下看好了一块地，但因地势有些低洼，于是想往上建一点，询问风水先生可否。风水先生上山看后说"上一步更好"，于是便有了"上步村"之名。但当以"水埠"之说为确。

最原始的风水地名，是将祖先安葬的地方作为名称，如香港的亚公地、亚婆地，是指祖父母安葬的地方。这些地名通常是村旁山坡的地名。如果墓地离原来居住的地方比较远，就会在前面加上姓氏作为区别，如唐公岭（唐氏先祖安葬的山地）。

有的风水地名，是以该地的地形命名的，例如狗伸地、犬眠地（像犬睡在地上的山冈），或牛眠沙（沙田，牛皮沙的原名，地形像在海边戏水的牛）。一些文雅的风水地名，是以该地或者坟墓与附近的地形关系而命名的。为隆重其事，通常会用雅化的字来命名，且一般为四五个字，如乌鸦落阳、五马归槽、狐狸过水及桐子拜观音等。

（十）其他地名

凡是不能够归纳在上述九类地名中的，都可将其归为其他地名，包括一些集合地名、集体地名、粗俗地名、旅游地名和意义未明而难以归类的地名。

　　深圳的南头是南山和沙头的合称，这里靠近海湾，历史上曾形成过由入海河道冲击而成的大沙滩，在本地话里就叫"沙头"，而当地人就将南山和沙头合并，称"南头"。明朝广东提刑按察使汪鋐写过一首诗，赞扬南头父老对抗击外国侵略的支持，其中就有"驻节南头"四字。这是对"南头"的最早文字记载，说明在明朝中叶，"南头"已是一个固定称呼。因这种集合地名很少，故归入"其他地名"。再如，深圳的上下肚、上马泻、大肚英、一甲、巴丁等；香港的如东九龙的四山、元朗的十八乡、粉岭的五围六村等。

　　"四环""九约"是香港一个很通行的集体地名。当时的香港地段，分为两种：一种叫环，一种叫约。所谓的"四环"是指东由港仔起，西至坚尼地城，包括湾仔、上环、中环、下环，后来又由铜锣湾到坚尼地城止；"九约"，分别是铜锣湾、鹅头、湾仔、上环、中环、下环、西营盘、石塘嘴和西环。还有一些地名源于方言或原始语音汉化而成，一般不能望文生义，所以很难理解其真正意义，故难以分类。

第三章

深港地名文化的异同

第一节 深港地名所反映的相同地域文化

深港毗邻，地名文化有很多相同之处，比如至今两地都保留有"车公庙""笔架山""大磡村""园岭村""田心村"等地名。深港地名既是传统的，又是现代的；既有岭南特质，又受中原文化的影响。在深港两地的地名文化中，我们可以发现其共同之处是皆受古越文化、广府文化、客家文化和福佬文化的影响。

一 古越族地名及其文化

(一)"南越族"及其文化

先秦时期，"百越"为中国古代众多南方部落族群的统称。最早的关于百越部族的文字记载为《吕氏春秋·恃君篇》："扬汉之南，百越之际。"高诱注曰："越有百种。"《汉书·地理志》颜师古注曰："臣瓒曰：自交趾至会稽，七八千里，百越杂处，各有种姓，不尽少康之后也。"可见，古代"百越族"在中国南方的分布广泛，东北起于江浙，向东南方到两广及至云贵形成弧形态势，且历史悠久，族群繁多而结构复杂。① "南越"是"百越"的一个分支，主要聚居于岭南一带。"南越"一词最早见于西汉的《史记·南越列传》："秦已破灭，佗即击并桂林、象郡，自立为南越武王。""南越"为汉初赵佗所建立的国号，也是对上古岭南人的族称，位

---

① 徐杰舜、李辉：《岭南民族源流史》，云南人民出版社2014年版，第99页。

于岭南的深港地区,是南越族的聚居区。

古越族文化的形成与发展,与当地的气候特征、地理环境、物产资源等因素密切相关。古越之地自古温暖湿润,山地、丘陵、台地、平原相互交错,地貌地形复杂多样,河流众多,水系发达,这样的地理环境,十分适宜稻谷耕种。据相关史料及考古资料发现,古越之地的稻作农业已有了相当的发展。在深港地区的地名中,我们也能发现不少有关古越稻作文化的地名,如"那"(田)字地名等。古越地区的湿热气候也会影响越人的民居建筑,越人多居住于底部悬空的房屋,亦即后代所称的"干栏式建筑"。深港地名通名中的"兰""栏"等字,就是其民居建筑形式的反映。岭南水域众多,越人也熟悉水性并善用舟楫,而带有"埠(埗、步)"等字表渡津码头的深港地名则反映了古南越人多用舟楫的出行方式。越人的民俗风情多种多样,如"断发文身"、崇拜鸟图腾、笃信巫鬼等,这些民俗与越人对自然环境的认知有着直接联系。古越人生存艰难,面对恶劣的生存环境,往往需要借助神灵巫鬼以求心灵慰藉。《史记·孝武本纪》就记载了"越人俗信鬼""越祠鸡卜"等风俗,而这些民俗风尚也体现在其地名中。在语言上,南越语以其轻利急切的发音、形容词或副词置于名词、动词之后的倒装语序,以胶着语为特点的语词结构,与中原语言及楚语有明显的不同。[①]《国语》《说苑》《越绝书》均有古代南越人这一语言特点的记载。如今,深港地区仍有不少地名保留着古越族语的词汇。

秦汉及其以降,中原汉人陆续进入岭南地区,汉文化也随之深入,古越族文化与中原汉文化不断碰撞融合,形成具有岭南特色的地域文化。如今,虽然古越文化不再被人熟知,但作为岭南地区最为古老的原始文化,终究不会销声匿迹;地名是人文的产物,是历史与文化的结合体,深港地区的底层地名也留存着古南越族文化的印记。

(二)深港地区的古越族地名

地名一般最早由原住民命名。该地早期的地理特征、历史文化

---

① 谭元亨:《广府寻根——中国最大一个的移民族群的探奥》,广东高等教育出版社 2003 年版,第 29 页。

等都会在地名中有所体现。同时，地名也是以民族语言命名的，自然会反映该地独特的语言风貌，如深港地名所保留的古越语底层词汇及其构词模式，正凸显了这一特征。

1. 表示自然地理的古越族地名

深港地区居于岭南，山地、平原相间，水网稠密，古越人据此地理特征，常以"峒"等表示山谷，以"南"等表示水。这些带有古越族文化的字词，也能在深港地名中见到。

（1）"峒""洞""垌"，在古壮语中音［dong］，为村落单位。"洞"本义为山洞或相似的聚居区，"峒""垌"本义为山间盆地、山谷或是被山地围绕的居住地区，后由于音近，"洞""峒""垌"混作。《集韵》载："蛮人所居曰峒。"后来用字含义扩大，演变成表示氏族居住地的通名。古越族居住的地方多以"洞"或"峒"为名，如今岭南地区仍然有一批以"洞"或"峒"字命名的地名。① 如高要的洞心、洞口、洞头、洞源，阳江的高洞、隋洞，深圳的白花洞、高应洞，廉江的横洞、大洞、垌心、上阁洞、上眉洞，吴川的低洞、姜家洞、苏州洞，中山的梅花洞等。

深圳的"王母峒"，本为军屯。嘉庆《新安县志》卷十一载："大鹏所屯：王母峒、盐田、葵涌（此屯省，俱坐七都）。"另外，宋末行朝南逃，曾在大鹏湾一带驻足八个多月，因杨太后居此得名，附近还有王母乡、王母圩、王母围、王母河、王母妆台、王母排等地名，都是这一历史的留存。此外，葵涌有洞背、黎洞山、上洞老围、上洞新围，宝安沙井有南洞，南山西丽有留仙洞。

香港粉领有"莱洞"，上水有"古洞"，大埔有"沙螺洞"和"洞梓"，十四乡有"大峒"，这些地方既不是山洞或水洞，也不是明清两代的行政单位"洞""里"，多数是山岭地区的村落，相信这些地方就是越人居留的遗迹。更值得注意的是，在西贡北约和船湾以北山坡地区，也有一批以"峒"字命名的地名，包括黄地峒、鸡麻峒、南山峒、观音峒、大峒、尖光峒、鹿湖峒，它们都是在偏僻的高山地区，也极有可能为古越人的遗址。

---

① 蔡德麟：《深港关系史话》，海天出版社1997年版，第12页。

（2）"罗"，古越语表示山，是古壮侗语对山的称呼。两广地区带有"罗"字的山名是古代百越族人的遗留，如博罗的罗浮山、清远的大罗山（山是通语成分，应该是后来对原意不甚明了的汉人所加）。深圳罗湖的名称来源于清代康熙年间就已存在的罗湖村，"罗湖"则来自周围湖塘众多的那座山的名字。"罗湖山"在深圳经济特区成立之初即被夷平。香港的无人岛"罗洲岛"中的"罗"字，也是"山"的意思。

（3）"古"，在壮傣语中音［gu］，相当汉语的植物量词"棵""株"，或为名词"树"。如"古榄"为榄树，"古练"为苦楝树，"古有"为枫树，这都体现了古越族地名的倒装语序，其中"古"为通名，"榄""练""有"为专名。"古"用以表示聚落名，当是以标志性的植物命名地名，进而成为聚落名。深圳龙岗有新木乡、下木古、上木古、大岭古，其中"古"即"木"，由于后人不识，"古（木）"上加木，故为"木古"。香港的"古"字地名有古洞、古坑等。

（4）"榄""南""林"，为古壮语"水"的译音①，用以表示水的地名，如深圳有南塘、南澳、南排，香港有大榄、小榄、榄口、南涌、薄扶林等。

（5）"大"，在壮语中表"地"义，岭南有数百个以"大"为首的地名，如深圳宝安的大王山、大鹏的大石里，香港的"大坪""大老山"等。深圳和香港均有数十个带"大"字的地名，当然，一部分表示的是大小之意，但有相当一部分应该是古越族地名的遗存。

（6）"丫"，也写作"亚""桠"或"鸭"，分叉的意思，来源于疍族语（疍族为南越水上居民的旧称），一般指有双峰或尾端分叉的海岛。深港地区带"丫"字的地名都与海岛有关，如深圳的东丫、南丫、三丫口，香港的南丫岛、东丫、丫洲等。

2. 表示人文地理的古越族地名

（1）"那"，在壮傣语中音"田"［na］，在两广写作"那"，

---

① 黄小华，邹嘉彦：《从地名探索香港地区先民的族属来源》，《中国社会语言学》2004年第1期。

在福建写作"拿",有时与"罗"通用,为地名的一种通名。"那"在地名中最早表示耕作稻子的农田,这与百越稻作文化的发展密切相关;后又可表示聚落,如吴川的那六、那亭、那界、那林,电白的那关歧、那岩、那增,茂名的那田、那楼峒,化州的那渡、那洲、那平等。

深圳宝安有地名"谭那",嘉庆《新安县志》卷十一载:"广前卫屯:谭那、白沙、葵涌、泉峒、滑桥、清湖、黄岗、新村、梅林、屯门、白凹、水斗、大小二焦。"实际上,"谭那"即"谭田"。又如,壮傣语"谭"[tan]的含义为"水塘",故"谭那"为"塘田"之义。

此外,"罗"[luo]也是壮傣语"田"的发音。今《深圳地名志》宝安区龙华有地名"谭罗",与"谭那"义同,粤语"罗""那"音近,亦即"谭那"。深圳宝安松岗有罗田,坪地有罗谷,宝安石岩有罗租,其中的"罗"皆与"田"有关。深圳还有地名益田、田面,香港有地名沙田、蓝田、河田、白田等,其中的"田"和"那""罗"意义完全相同。

（2）"畲"或"輋"。"畲"为形声字,从佘、田声,读作[shē],古籍中亦作"輋",本义为原始先民农作方式中刀耕火种的方法,人们砍伐、焚烧草木,垦山植菁,并开辟土地种植农作物。清李调元《卍斋琐录》载:"輋音斜,耕山岳之地曰輋。"《广东新语》云:"輋,巢居也。"畲族便是由"畲"得名,是古代百越的支派之一,被后来迁移来的汉人称为畲瑶、瑶民或者山獠。畲族与客家先民共同居住,并逐渐被汉化。福建文史馆馆长卢美松先生认为:"畲人主要是由古代土著蛮人发展而衍变而来。这些土著蛮人,在后来的传衍发展中,大部分汉化而融合于汉族。"[1] 李辉、潘悟云等先生对福建长汀客家人的基因进行分析研究,发现其DNA数据中汉族结构占80.2%,类畲族结构占13%,[2] 说明客家人和畲族人的渊源关系。

---

[1] 卢美松:《畲族探源》,福建省地方志编委会,2007年。
[2] 李辉、潘悟云、文波等:《客家人起源的遗传学分析》,《遗传学报》2003年第9期。

深港地区在汉代时是南越地，曾住着一批畲族人。宋代文天祥《知潮州市丞东岩先生洪公行状》载："潮与嶂、汀接壤，盐寇畲民群聚。"明清时，深港地区就有畲字地名，如明朝时期归城乡有斩畲口、山嘴畲，清朝时有大忙畲、大畲尾、上下畲等村庄，香港的平畲、大芒畲、大畲等村庄名。

深港地区现存的一些畲字地名，如深圳的大畲埔、龙岗的畲下、大鹏的畲吓、坪地的上畲、富乐畲和葵涌的大布畲等，香港打鼓岭的坪畲、西贡的莫遮畲、沙田的禾畲、坪洲的畲脚下、大屿山的蓝畲等，相信这些地方都曾是古畲族人耕种或居住过的地方。

（3）"兰""拦""栏"及"阑"，为壮傣语中的"家"义。壮傣语"家"，音[lan]，写作"兰""拦""栏""阑"等。古越民居"干阑"是具有棚的房屋，壮语"干阑"本义是登上屋棚，"麻栏"为"回家"之意，作为村名，在广西习见。深圳龙岗坪山有马兰、马兰乡，原名"马拦头"，亦即"麻栏"。由于后人不识，将之改为"马峦"，又复改为"马兰"，并作为乡名。另外，盐田沙头角有"沙栏吓"村，但此"栏"多指商肆，与以上"栏"之义不同。

（4）"坂"，为壮傣语中的"村"义。在壮傣语中，"坂"音[ban]，在广西写为"坂""满""班"，在福建、江西写为"坂"，在云南写为"版"。深圳布吉有"坂田村"。"坂田"原是越式倒装语序"村田"，意为"田村"。但由于今人不识，"坂（村）"上加村，故为"坂田村"。

（5）"乌"字地名，源于被称为"乌蛮"的黑壮族。古壮人一说分为黑、白、红、花、黄壮等五支，而黑壮古代文献上被称为乌蛮或乌浒蛮，亦称良壮，水陆两居，后被分化，"乌"字和"黑"字地名就是黑壮人留下的遗迹，但分布比较分散。[①] 比如深圳大鹏的乌涌、乌石。

（6）民俗类地名：古越族民俗文化丰富多彩，而且以"鹤""鸡""狗"等动物为图腾。[②] 这些图腾文化在深港地区的地名中也留有印迹。比如，越人"越祠鸡卜"兴盛，这一民俗在深港地名中

---

① 司徒尚纪：《广东地名的历史地理研究》，《中国历史地理》1992年第1期。
② 同上。

也留有印迹，如深圳地名中有鸡公头、鸡庙、鸡板坑、鸡笼山、鸡啼石、鸡魁石等，香港有鸡岭、鸡公岭、鸡洲、鸡公头、鸡山等地名。深圳还有鹤围、鹤坑、鹤洲、狗公山、狗洲等反映鹤、狗图腾文化的地名。

二　广府地名及其文化

（一）广府民系及其文化

广府人分布在粤中、粤西南、粤北以及桂东南一带，人口6000余万，属粤语广府片，以广州为文化中心，以珠玑巷为民系认同，有着自己独特的方言、文化和风俗。广府人是由中原入粤的汉族人和粤地土著族群融合而成的。入粤汉族和粤地土著族群的融合从秦汉时期开始，中间经西晋"永嘉之乱"和唐代"安史之乱"之后的两次北民入粤高潮，一直持续到元末明初，经历了漫长的发育过程，广府族群才逐渐得以最终形成。广府民系的文化以珠江三角洲地区最为代表，既有古南越遗风，又受中原汉文化哺育，具有多元的文化层次和结构。

珠三角地区温暖湿润，地势平坦，土地肥沃，水系众多，为其农业发展提供了优越的条件。随着北民南迁，珠三角地区被逐渐开发，农业快速发展。珠三角地区濒临海洋，降水充沛，水网密布，该区域的广府人活动自然与"水"有着密切联系，因而该地带有"澳""涌"等表示与水有关的地名很多。海洋文化是广府文化不可或缺的一部分，它深刻地影响着广府人的生产生活方式，包括耕作、出行、饮食方式等。在交通方面，广府人继承古越人熟悉水性的特征，善用舟楫，因而舟船也是广府人主要出行方式之一。在语言方面，广府民系使用粤方言。粤方言的形成，是一个伴随广府民系形成和发展的过程，它既含有古越语的一些特征，也留有古汉语的某些成分，反映了中原人与古越原住民的融合交流。粤地迁徙的频繁复杂，使得粤方言成为一种语言现象复杂、保留古音特点和词语较多的方言。[①] 这些特点在广府地名中多有体现。

[①] 陈泽泓：《广府文化》，广东人民出版社2012年版，第181—182页。

深港地区的原住广府人主要分布在该地的平原、台地，绝大部分生活在广九铁路以西，主要从事农业、渔业和商业，相对于深港地区的其他民系来说，其历史最为悠久。深港的广府人讲粤方言，属粤语莞宝片。深港地区在历史变迁中逐渐形成了带有粤方言特色的地名，它们属于中间方言层的地名文化结构，反映了该地的地理、历史和文化。

（二）深港地区的广府地名

1. 表示自然地理的广府地名

广府人多住在深港的平原、高台地区，这里水网密布，河道众多，因此，相关的自然地理地名，无论是水域地名还是陆地地名，大多和水有关。

（1）"涌"，也写作"冲"，粤语音为[cong]，粤语中是指小河岔，用作水道小河名，如南海的官山涌、南沙涌，三水的左岸涌，顺德的黄涌等。有时也指两山之间水流经过的开阔地，如葵涌、鲨鱼涌、溪涌等。临涌而居的村落之通名也叫"涌"，如珠海的后门涌、香港的水潭涌等。据文改会汉字组统计，广东有"涌"字地名2858处。

深圳地名中含有"涌"字的有：大涌、乌涌、东涌乡、东涌河、西涌乡、西涌湾、沙鱼涌、沙井步涌码头、灶下涌、步涌乡、洋涌河、虾山涌、涌下、涌口岭、涌口头、涌浪湾、涌街、蚝涌、深涌角、葵涌乡、葵涌圩、葵涌河、葵涌坳、溪涌、溪涌湾、福永正涌、塘下涌等。

香港地名中含有"涌"字的有：涌口、上葵涌、上葵涌村、下葵涌、下葵涌村、太深涌、大涌口、大涌、二涌、三涌、大榄涌、中葵涌村、牛角涌、北潭涌、石涌角、石涌凹、东涌坳（伯公坳）、泥涌、涌尾、涌湾咀、涌沙顶、涌仔村、马湾涌、深涌、深涌湾、深涌角、黄竹涌、黄泥涌峡、蚝涌、蚝涌谷、蚝涌河、鲗鱼涌、笃尾涌等。

（2）"滘"，汉语读音"窖"，粤语音为[gaau]。"滘"常是指小河汇入大河的地方，如新会的黄鱼滘。《东莞县志》载："两水相交谓之滘。"水边的村庄也常称作"滘"，如顺德的北滘、中山马鞍滘等。"滘"是珠江三角洲表示聚落的特有通名,广东"窖"字地名共有269处。深圳地名中,含有此字的有后滘等,香港则有小滘、滘中湾、滘西湾、滘东湾、滘西洲、滘仔、南滘、大滘、大埔滘等。

（3）"沥"：形声字,从氵、历声,读作[li],原义与滘类似,指小河汊、小水坑,既能为河流命名,也被人们用于村庄、村落的命名。深圳地名中,含有此字的有马沥老围、黄竹沥等；香港地名中,含有此字的有小沥源、河沥背、深坑沥等。

（4）"澳",《说文·水部》载："澳,隈厓也。其内曰澳,其外曰隈。"这里"澳"是指水边深曲处,而粤语里指的是"海边弯曲可以停船的地方",这反映了广府人早已懂得停船所需的地理条件,正如香港地名中的将军澳、榕树澳等。深圳的南澳旧称"蓝澳",它因三面环海,海水特别蓝绿,故称"蓝澳"。又因"蓝澳"地处大鹏半岛的最南部,因此取其谐音,易名为"南澳"。清朝嘉庆年间,这里已有南澳村。

（5）"塪""冚",也作"坎",粤语音为[ham]或[kam],意为岩崖或下陷的地面,亦指高的堤岸或似高堤的地形。深圳南头有大冚、麻冚,布吉有大光冚、和冚等；香港则有"横头塪""红塪"。"红磡"原来也作"赤坎",指此区域原为黄红色泥土的山岩地带,经过多年的移山填海,山岩已不复存在。

（6）"塱",又作"浪""朗",粤语音为[long],意为低湿的田地或在该地建立的村落,谐音同讹为"浪""朗"。在香港地区,九龙有"衙前塱",衙前塱本是位于九龙寨城以南的低地,山上的汇水从旁边经过并最终注入九龙湾；新界西北有"元朗",元朗本为"圆塱",是被山地包围的一块低地,看起来略似圆形,是香港少有的大片平地之，在上水以北,还有一片淡水湿地叫作"塱原"。另外,南丫岛有榕树塱,大屿山有十塱,上水一带有松柏塱。

在深圳地区,宝安龙华有上横塱、下横塱,又作横浪,为洪门志士钟水养故居所在,另有大浪、浪口；大鹏有枫木浪；坪山有学湖浪；宝安新安原有"洪浪"地名,今有洪浪北路、洪浪南路；石岩有浪心；龙岗同乐有浪背；南约有浪尾；布吉有深朗村、李朗；

南头有塘朗、塘朗山；松岗有朗下；观澜有公坑朗。

（7）"沙"，指泥沙沉积而成的陆地，或指海水冲积而成的沙滩，还指围海而成的田地，如香港的落禾沙、乌溪沙、孖沙，深圳的大梅沙、小梅沙等。古时候，海水把深圳近海冲积成一个很大的沙滩地，一些村子都建在这个沙地上，所以都围绕"沙"来取名。[①] 在海边宽阔的沙地上，自黄氏于南宋迁徙到深圳下沙建村后，在下沙的东侧又形成上沙村。后来，一些杂姓者迁入，在下沙和上沙的外围居住，并向东扩张。在上沙东侧的沙地上，"沙头""沙嘴""沙尾"依次而建，相对起名。

深圳地名中含"沙"字的有：大沙河、上企沙、下企沙、大梅沙、小梅沙、上沙、下沙、长环沙、水头沙、孔沙、白沙、沙步头、沙林岛、沙栏吓、沙浦、沙埔、沙湾、沙头角、沙胡、沙嘴、沙溪乡、沙塘布、沙井镇、沙二、沙积、沙排、沙弹、沙谷墩、沙头圩、沙边、沙头面、伶仃沙等。

香港地名中含有"沙"字的有：大沙角、大沙落、大赤沙、牛皮沙、沙仔面、新沙、白沙洲、白沙湾、白沙村、白沙咀、沙下、沙田、沙井村、沙角尾、沙洲、沙江村、沙咀、沙石岭、沙桥村、沙螺湾、沙罗洞、沙岭、沙栏、沙壩、沙埔、涌沙顶、乌溪沙等。

（8）"凼"，又作氹，音［tam］，与汉语读音"宕"相同，粤语指水塘或水坑，其字十分形象，描绘出水被包围的样子，也可作港湾名、村落名。在香港地区，南丫岛的南部有南氹公园、南氹天后庙，地处一个凹进去的海湾，即"南氹"北侧；西贡区清水湾高尔夫球场南端，由两个半岛（宝镜顶和佛堂角）围成一个凹形海湾，称为"人氹"；西贡区还有"掘头氹"，位于凹形海湾。深圳龙岗新南也有"凼元村"。

2. 表示人文地理的广府地名

（1）"围"，粤语指所筑的围墙或堤坝。粤语族群生存于珠三角平原水网地区，土地大多是三江泥沙堆积而成，许多地区在明清以后才成陆地。在这种地区生存，常常面临水患，建堤是生存和安全

[①] 王卫宾：《深圳掌故》，海天出版社2013年版，第187页。

的第一等大事。其村落跟"基围"紧密联系,有村必有围,因此以"围"为村名。如深圳福田有"上围村""打围坊""围面田村""皇岗上围""皇岗下围";宝安机场一带,有"下十围";龙华有"老围""水斗老围""水斗新围"等;香港有"吉庆围""天水围"等。

(2)"壆",粤语音为[bok],意为堤坝,或指用以围垦田地、基围、鱼塘所形成的小路。在深圳地区,宝安区沙井街道有"壆岗",因该地有山绵延如堤坝而得名。此外,深圳坪山有沙壆乡、沙壆村,龙岗区龙东乡有兰水壆,盐田有塘壆吓。香港沙田有作壆坑、横壆街,元朗有壆围村,以及与罗湖火车站一河之隔的料壆村,它们均与堤坝义有关。

香港的"壆围村"西南角有一个小池塘,旁边的小路称为"壆围路";"作壆坑"原名竹壆坑,因用竹子建造水坝来堵住坑水而得名。最早村落位于沙田海的浅滩边,沙田填海后,村子迁往南面的山坡,原址则兴建公屋,其中之一称为"博康邨",即"作壆坑邨"的谐音及雅化。

(3)"步""埗""埠""埔",音[bou]。"步"原义为停船的码头、渡口,或靠近水的地区。南朝《述异记》载:"瓜步在吴中,吴人卖瓜于江畔,用以名焉。吴江中又有鱼步、龟步;湘中又有灵飞步。"可见,吴楚时期就已用"步"字做通名。南越人多生活在水边,常以舟楫为交通工具,在地名上通用步、埔、甫、埗等表示渡津码头。① 宋吴厚处《青箱杂记》载:"岭南谓水津为步。"《永乐大典》"广府风俗形势":"水为之步,当是水津。"步即是渡口,也可指水旁的村庄。

"步"本为行走之义,为何在地名用字上为码头之义呢?《述异记》中又载:"吴楚间谓浦为步,语之伪耳。"可见,原字本为"浦","步"是"浦"的假借字。唐朝《永州铁炉步志》中说明了"步"的特点:"江之浒,凡舟可縻而上下者曰步,永州北郭有步曰铁炉步。"意思即为江边可泊船,可让行人坐船的地方。清

---

① 吴唐生:《岭南文化结构层次在地名中的反映》,《岭南文史》1996年第3期。

《广东通志》卷二十的《民物志一》载:"水津曰步(言步之所及也。罾步即渔者施罾处,船步即众人渡船处。江旁曰江步,溪旁曰溪步。韩文'步有新船'正指此也)。"清翟灏《通俗编·地理》载:"俗谓问渡处曰埠头。据诸书当作步字,而《宋史》皆从俗作埠。"因此,"步"也可异写为"埠"。"埔"原义河边的沙洲、小块的平地,且音调与"步"相同,是粤方言用字,因此两者也可互通。

深圳地名中含有此类字的有:上步岭、上步、下步庙、步涌、步尾、大发埔、大埔、大畲埔、大草埔、下埔、牛始埔、东埔、田头埔、四方埔、发岗埔、圳埔岭、芋地埔、沙埔、放马埔、巷头埔、坪埔、南坑埔、埔吓、黄麻埔、黄埔、蔗元埔、薯田埔等。

香港地名中含有此字的有:大埔墟、大埔、大埔田、大埔滘、大埗仔、大埔头、石埗村、石仔埗、米埔、谷埔、沙埔、沙埔岗、马屎埔、高埔、高埔山、扫杆埔、扫管埔、深水埗、塘头埔村、稔埔村、新舅埔角、旧埗等。

三　客家地名及其文化

(一) 深港地区客家民系的迁入及分布

客家是汉族重要的民系之一,是从黄河流域逐渐迁徙到南方的汉人,大约在明朝中后期形成。罗香林先生《客家研究导论》载:"客家先民最先移居广东东部、北部的,虽说有远在五代以前者,然那时人数无多,比之其他先居其地诸系外人群,众寡悬殊,不能保持个己特殊的属性,而派为一种新兴的民系;就是宋朝初年、移住那些地方的客民,也还是数目无多;南宋以后,客民向南迁徙的,始一天多似一天。这种迁移运动,直至明朝中叶,始稍休歇。"[1] 如今,客家人分布在广东、福建、广西、江西、湖南、四川等省及我国台湾地区,其中广东是客家人聚居的主要区域,相对集中在粤东、粤北山区和东江、北江流域。

深港的历史就包含一部移民史。中国古代出现过五次从中原地

---

[1] 罗香林:《客家研究导论》,上海文艺出版社1992年版。

区向岭南地区移民的浪潮①，其中就有一些客家人迁入深圳地区及香港地区。清康熙末年，客家人开始小批量迁入新安县。从雍正初年开始，客家大量有组织地迁往新安县东部、中部、南部地区，即今深圳市龙岗区东部和南部、罗湖区大部，香港全境；同时，还有大量客家人迁入归善县（今惠州市）南部地区，即今深圳市龙岗区北部。客家人来到深圳和香港，聚族居住，或开垦荒地，或为土著佃耕，自成一体，组成村落，逐渐形成众多小型客家方言区。到乾隆、嘉庆年间，越来越多的小型客家方言区连成范围相当广阔的大型客家方言区；其时，客家族群主要聚居在新安县东部、南部和归善县南部，相当于今深圳市东半部及香港大部。②

如今，客家人是深港地区的三大民系之一。在深圳，客家人主要分布在北部、中西部和东部地区。其他区域范围包括盐田区以及布吉、龙华、石岩、观澜四镇、横岗、龙岗、坪山、坪地、坑梓、葵涌等地。在香港，客家人遍布港岛、九龙和新界，也有一些客家人相对集中的聚居区，如新界粉岭的崇谦堂村和元朗的崇整新村等。目前，香港的客家人约有200万人，多半是在1700—1750年间从粤东移民过去的，少数是在1800年以后才迁入。

（二）深港地区的客家地名

深港地区的客家地名中，有很多含有客家方言属性特征词，这些特征词既用在深港地名的通名中，又用在专名中。深港地区的地名中，一般带"嶂""岭""坑""背""嫲"等字的，多为客家人曾经的居住地。另外，客家民族多聚族而居，地名上还多表现出以族姓为村名的现象，如李屋、张屋、罗屋、刘屋等。深港两地客家人居住的地方，也带有"屋"字的地名，如香港的曾大屋、屋场、罗屋、苏屋等；深圳的李屋、罗屋、梁屋、庄屋、陈屋、黄屋、杨屋村、吴屋、阮屋等。

清初实行迁海政策。雍乾年间，清朝政府下诏奖励客族人迁入深港地区定居。这些客籍民中，大部分是今天我们所说的"客家

---

① 林易蓉：《客家人在近代深圳华侨移居史上的地位》，《客家文博》2011年第2期。

② 同上。

人"。这些客籍民在深港地区定居,但由于是新来移民,与当地居民存在主客矛盾,再加上堤防寇患,客籍民多将住屋连成排,形如围墙,村以多排横屋组成,因此被称为"围屋",如深圳的水库新围、蔡屋围,香港的水边围、沙埔围等。

还有少数地名是由客语音译转写的。需要特别指出的是,像"围""埔""步"等做通名的地名,在广府地名和客家地名中均有出现,甚至在福佬地名中也有分布,这可能是族群接触交流导致方言融合的结果,或者是用字的通假现象。这里不做相关的源流考证,但对相关地名都举例列出,以说明地名事实。

1. 自然地理类

(1) 埔(布、莆、浦),形声字,从土,甫声,普通话读作[pǔ],客家话音[bu],客家话中意为山脚较平的地方,或为水田,旱地为埔;讹为布、莆、蒲,有时和"埗"通用。如香港的"大埔""沙埔""咀高埔""扫杆埔""谷埔"等;深圳罗湖有"草埔",坪山有"田头埔",坪地有"四方埔""发岗埔",大鹏有"南坑埔""沙埔",横岗六约有"牛始(屎)埔",宝安龙华有"牛地埔",龙岗有"芋地埔""大草埔",公明有"薯田埔"。以"布"为地名的也有很多,如"布吉",沙湾"樟树布",沙头角"小布",葵涌"大布睾""围子布",大鹏"布尾""布锦",宝安新安的"麻布""黄麻布""布心",观澜"君子布",龙岗"新布",坪山"南布村",龙岗新南乡的"麻布""教场布"等。①

(2) 岗,形声字,从山,冈声,普通话读作[gǎng],客家话音[koŋ]。客家话中有两个义项,一是作语素,含"山"义,可构成"山岗""岭封"等词语。客家话中,"山""山岗""岭岗"是一组同义词,如可以说"一只岭岗""一座山"等。二是作一个词,专门指称"翻越山脊的道路",如"这条岗十分长"等。客家话中,"岗"的这一义项是承袭古义,如《水浒传》中描写武松打虎的"景阳冈"以及"三碗不过冈"等。"岗""冈"在客家话中是通用的。客家方言片区中,带"岗"的地名是由指称"翻越山脊的道

---

① 以上地名均位于京九铁路以西,为客家人聚居区。

路"的"岗"得名。深圳有"龙岗""横岗""松岗""黄岗""泥岗""黄木岗",香港有"新蒲岗"等。

（3）岌（岁），形声字，从山，及声，普通话读作［jí］，客家话音［yin］。"岁"讹作"岌"，客家话中意为小山、山岗，义同"岗"。"岁岗"常连用成词，如香港新界的"大刀岁""北大刀岁"等。

（4）肚，形声字，从肉，土声，普通话读作［dù］或［dǔ］，客家话音［du］，指的是山窝的平地，尤指其中隆起部分，如深圳的"陂头肚村""窝肚村"等，香港的"九肚""南房肚"等。

（5）嶂，形声字，从山、章声，读作［zhāng］，本义为如屏障一样的山峰，形容某地区被高山环绕。《增韵》："嶂，山峰如屏障也。"《广东新语》："嶂者何，盖于诸山杰出，最高大，如屏障横空，故曰嶂。"客家先民"后来居上"，多聚居在交通不便的山区，而较多的"嶂"字地名就是这一地理特征的反映。深圳地名中，含有此字的有輋禾嶂、黄竹嶂、嶂顶、嶂背、打鼓嶂等；香港地名中，含有此字的有嶂上等。

（6）圳，形声字，从土，从川，川亦声，普通话读作［zhèn］，客家话音［zun］，客家话中意为田边水沟。圳字最早见于南宋戴侗的《六书故》卷五："甽，子浚切。……今作圳，田间沟畎也。"①客家地区带有圳字的地名较为常见，如梅州、河源、惠州的圳上村、圳下村、圳头村、湾圳村、三圳、石圳、圳塘口村。深圳地区有"深圳"、光明的"圳美（尾）"、公明的"长圳"、龙岗的"圳埔岭"等；香港地区有"圳边""圳口"等。

（7）坑，形声字，从土，从亢，亢亦声，客家话音［hang］。义同"沥"，本指小水沟，客家话中常连用，称"坑坑沥沥"，泛指有小水流的狭长山谷，如香港的"大坑""黄竹坑"等。深圳横岗六约有"塘坑""深坑"，大康有"西坑"，龙岗同乐有"吓坑"，龙岗新南有"坑尾"，宝安观澜有"丹坑"。

深圳地名中，含有此字的有大水坑、大深坑、下大坑、上坑、

---

① 周振鹤、游汝杰：《方言与中国文化》，上海人民出版社2015年版，第179页。

中其坑、瓦窑坑、中坑、长坑、东坑、丹坑、水租坑、记子坑、石坑、石龙坑、田螺坑、白泥坑、禾沙坑、汤坑、老大坑、吓坑、吉坑、西坑、炳坑、竹坑、杨梅坑、衫坑、库坑、君子坑、岭背坑、青奇坑等约90个。香港地名中，含有此字的有大坑、下坑、九龙坑、丹竹坑、北坑、小坑口、白鸽坑、老虎坑、禾寮坑、早禾坑、坑尾、坑口、坑头、夹万坑、坑背、乾坑、荔枝坑、蚊坑、马坑山、排头坑、马丽口坑、蛇地坑、黄龙坑、黄竹坑等约80个。

另外，沥、坜，音[li]，义同"坑"。深圳龙岗有"沙背沥"，坪地有"黄竹沥"，宝安观澜有"马沥"，盐田有"坜背"，龙岗坑梓有"沙坜"。以上词汇，粤方言地名中也有。

（8）岭，形声字，从山、令声，读作[lǐng]，本义为可通行的山道、山坡或相连的山脉。《说文新附》载："岭，山道也。"《广韵》载："郎丁切，音零岭嶜，山深貌。"可见，"岭"字之义与山峦有直接联系。翻山越岭是居住于山间的客家先民曾经最主要的生活出行特点，因此，"岭"是客家地名最常用的字之一，数量十分多。

深圳地名中，含有此字的有丁甲岭、八仙岭、八卦岭、九祥岭、大石岭、大岭顶、大窝岭、上步岭、马鞍岭、马岭、马头岭、牛角岭、牛牯岭、凤地岭、牛望岭、牛唇岭、牛眠岭、东风岭、分水岭、正埔岭、打狗岭、白鹤岭、江岭乡、羊牯岭、西岭下、亚公岭、圳埔岭、尖峰岭、红花岭、沙勿岭、红朱岭等约142个。香港地名中，含有此字的有大旗岭、大輋岭墩、大岭村、大岭峒、大岭皮、牛牯岭、孔岭、打鼓岭、老鼠岭、粉岭、茶果岭、黄岭、狮头岭、碑头岭角、摩星岭、调景岭、横岭等约58个。

（9）岃，形声字，从山、刃声，本义为刀刃般险峻的山峰、山岭。《集韵》载："而振切，音刃。山高形。"它为客家俗字，亦可作"颜"。还有学者认为是"应"的谐音用字。深港地名中，含有此类字的有：大刀岃、洎刀岃、红花颜、长岃山、黄毛应等。

2. 人文地理类

（1）排，形声字，从手，非声，客家话音[pai]。客家话中意为村寨，原指山腰或山边较大的坡地，如"岭排"一词即用此义。

又指建于其上之村寨，两广、湘南一带多有此类地名。《深圳地名志》中，带排字的地名共有 42 个，可分为两类：一类是礁石名，共 28 个，全部在近海地区，与上述义项无关；另一类是村落地名、山名，共 14 个，全部在今客家地区。村落名有 10 个，下排、上排在石岩，瓦窑排在龙华，东庵排在观澜，沙排在盐田，油柑排在横岗，蒲排在横岗爱联，青排在坪山，虎地排在葵涌，黄屋排（原名黄竹排）在光明。山名有 4 个，下万排在横岗，猛排在龙岗，青草排在石岩，狮地排在观澜。

（2）围，形声字，从囗，从韦，韦亦声，客家话音［vui］。客籍民聚族而居，多将住屋连成排，形如围墙，村以多排横屋组成，因此被称为"围屋"。广东省纯粹属客家方言或以客家方言为主的县市有 32 个，基本上都有"围"字地名，共计 178 个。例如，龙兴围（梅县）、高围（韶关）、围子里（大埔）、富昌围（龙川）、中心围（和平）、龙口围（始兴）等。深港两地客家人聚居区也有许多"围"字地名，光是康熙年间新界有"围"字的地名就有 19 个，如深圳的水围、水库新围、新围、蔡屋围、鹤围、沙塘围、白灰围，香港的水边围、沙埔围、沙头角南涌围等。

（3）屋，会意字，从尸从至，客家话音［vuk］。"屋"字是客家以族姓为专名的地名之通名，如李屋、张屋、罗屋、刘屋等地名。带有"屋"字的地名，如深圳的李屋、罗屋、梁屋、庄屋、陈屋、黄屋、杨屋村、吴屋、阮屋等，香港的曾大屋、屋场、罗屋、苏屋等。

（4）家，会意字，从宀，豭省声，客家话音［ka］，与屋同义，如深圳的"上石家村""下石家村"等，香港的"莫家""新屋家"等。

（5）厔，音［jie］，指山区房屋及梯田的地脚或底部，通常用石块筑成，如香港的"寨厔"。广东及广西有些地区读作"留"或"南"，指山坡田地及低地。

（6）背，形声字，从肉，北声，客家话音［poi］［phoi］。客家话中意为"边""面"，组成复合方位词或跟其他词语组成方位短语，如深圳的"水背村""坜背""竹头背村"等，香港的"凹背塘""坳背岭""坳背湾""河背"等。

另外，深港地名中，有少量是由客语音译转写的，只能通过客语去理解。

也有一些是完全由客语音译转写的地名。例如，意大利传教士获朗他泥（Simone Volonteri，1831—1904）在1866年绘制了一张相当精美的新安县地图——Mapofthe San-On District（Kwangtung Province），图中标示了百余个属于新安县和归善县的地名（包括香港全境），大部分兼具汉字和拉丁拼音，其中包括"樟树滩""相思湾"和"禾鹏夹"等。从字面上看，这些地名不能提供任何方言属性的信息，但只要看看底下的拉丁文拼音，就可发现它们都是用客语转写的：Chong-shu-t'an、Siong-sz-wan 和 Wo-li-kiap。[①]

由客语音译转写的特征词，或为通名，或为专名，构成许多特别的地名。例如"寨"，是客语"仔"字的变音，如香港的"坪山寨"（由惠州坪山分支而来的村仔）。再如"牯"，表示雄性；"嫲""嬷""麻"，表示雌性，如香港的"马牯缆""鸡嫲峒"。

四 福佬地名及其文化

（一）福佬民系的形成及在深港地区的分布

福佬又称鹤老，"福"源于"福建"建制中所称的"福"，"佬"出于俗称"土佬"（即土著）的"佬"。历史上，福佬一直以居江河、海岸畔处的陆地为主，少部分居住于水上，多依赖于渔猎和货运生存。福佬方言原为"河洛语"，即闽南方言。

福佬人是闽越、山越、蜓人和中原徙民的融合族群。闽越是在战国时期被楚国所灭的越人逃到闽境与当地的原住民融合所形成的。其后秦灭汉兴，武帝为灭掉在闽地的越人，又复"诏军吏将其民徙处江淮间"，致使"东越地遂虚"，于是又有中原汉民迁徙于此地。汉武帝曾诏军吏强徙，那些逃入深山未被执徙的居民随后便发展成"山越"。魏晋南朝后，中原丧乱再起，晋室渡江南迁，这时中原汉民相继再次大批南徙入境。唐林谓《闽中记》载："永嘉之

[①] 张洪年：《香港地名中的闽语和客语成份》，《国际汉藏语会议论文提要》2005年第38期。

乱，中原仕族林、黄、陈、郑四姓先入闽。"《九国态》亦载："永嘉二年（公元308年）中原板荡，衣冠始入闽者八姓，林、陈、黄、郑、詹、邱、何、胡是也。以中原多事，畏难怀居，无夏北响，故六朝间仕宦名迹，鲜有闻者。"① 出土的《唐诏州刺史陈说墓志》曰：陈说"其先颍川人（今河南禹县一带）普室避乱于闽，因而家焉"。由秦迄六朝先后徙入闽的中原人，在填补了闽地空虚之地的同时，和原住居民中的闽越、山越杂居融合。唐宋及其以降，陆续有中原人迁徙至该地。这样粤东南部就逐渐形成原住居民中的闽越（个别或还有山越）、蜑人、暨粤地生存的俚人、畲人、瑶人等与中原迁徙而来的汉人长期共处融合而形成福佬民系。②

　　闽南地区与广东潮汕地区接壤，中间并无高山大河相阻隔，所以从宏观上看，这两个地区可视为一个大的自然地理区域，同时也是一个大的人文地理区域。福佬先民最初主要集中在福建省。但是到了宋代，由于闽南人口的迅猛增长，人口对土地产生巨大压力，对外移民以缓解人地矛盾便成为必然。这一时期，潮州在经济文化上虽然也有很大进步，但与闽南相比已然落后许多，由于人口较少，技术落后，潮汕平原大片荒滩沼泽尚未得到开垦。这种形势下，地缘和文化上关系密切的潮州自然成为闽南对外移民的最佳选择。于是，自北宋开始，闽南人特别是泉州和兴化人成批移居潮汕，在宋、元、明三朝都曾形成移民的高潮。③ 同时，将闽南语传播到广东潮汕，并从此奠定了广东福佬文化的基础和格局。

　　如今，福佬人主要分布在福建的南部和广东的东部。在福建的福佬人说闽南话，在广东的福佬人说潮州话。历史上，潮汕人是一个不断迁徙的族群，且敢于闯荡，善于经商。在深圳和香港地区，潮汕人是较之广府和客家人后才迁入的，大多伴随着他们的经商活动而零散分布。在香港，早期潮汕人主要集中在北面，散居海湾地区，从事农业和海运业。

---

① 周学曾：《晋江县志》，福建人民出版社1990年版。
② 杨豪：《"福佬人"考略——广东汉族来源考之二》，《广西民族学院学报》1996年第2期。
③ 谢重光：《宋代潮汕地区的福佬化》，《地方文化研究》2015年第1期。

相比广府文化和客家文化,深圳受福佬文化的影响并不大。在香港原居民运用的语言中,粤方言语系和客家语系占主要优势,福佬方言占据的比例很小。虽然在香港九龙区有一个福佬村,在湾仔也有一条汕头街,但原居香港、说福佬话的福佬人主要是水上捕鱼的渔民,并不能算是香港原居民。

(二)深港地区的福佬地名

在深圳和香港,福佬文化对地名的影响较小。但地名中,也有福佬文化的痕迹,主要体现在地名的通名和专名中含有福佬方言属性特征词,如陂、汕、汀、寮、埕、社等。这些地方的原住民不一定是福佬人,有可能是由于族群的语言接触而在地名上留下一些印迹。

1. 自然地理类

(1)坂(阪、陂),形声字,从土,反声,读作[bǎn],亦可作陂,读作[pī],本义为不平坦的陆地、山坡、斜坡。粤方言、客家方言和福佬方言中,皆高频使用此字。《说文》载:"阪,坡者曰阪。一曰泽障,一曰山胁。从阜,反声。字亦作坂。"可见,三字可互相通借,后被引申为水坝或人工水利设施。福建省及潮汕地区等福佬民系居住地区有"八山一水一分田"之称。该地区地势整体呈西北高、东南低,总面积约有80%都是丘陵与山地,其境内丘陵连绵,并伴有川流河谷与盆地,山谷之间互不相通。这一特殊地势造就福佬地区山坡众多的地貌,并多以"坂(陂)"字命名。深圳地区属新安县管辖时,就已经修建了许多陂堰,以灌溉田地。当时深圳地名中已经有"陂"字,如石湖陂、沙塘陂、松柏萌陂和莲塘陂等。现今,深圳地名中含有此字的有:坂田、大陂河、吓陂、坡头下新村、俄公坡、黄龙陂、鹅公坡、新陂头、新作坡、陂头肚、陂头背等,香港有二陂圳、二陂圳新村、坡面等。

(2)汕,形声字,从氵,山声,潮音读作[suaŋ]。汕字原义指"群鱼游水的样子",如"南有嘉鱼,丞然汕汕"。后也指暗礁,或是海边安设捕鱼器具的陆地。古代又可指"捕鱼的用具"。福佬民系的先民,一部分在陆地上耕作农事,另一部分在水上生活,常常跟水中的鱼儿打交道,渔捞与货运是他们的主要谋生方式,因此福佬先民创造了许多以"汕"为首尾的地名。深港地名中，含有此字的有："汕头街""汕头角"等。

（3）汀，形声字，从氵，丁声，潮音读作［têng］，原义为水边的平地或小岛、小洲。《说文》载："汀，平也。"段玉裁注："谓水之平也。水平谓之汀，因之洲渚之平谓之汀。"徐锴注："水岸平处。"唐朝时，福建省设置长汀县，管辖地区包括汀江。深圳有东汀路，香港地名中含有此字的有汀角、汀九、汀九湾泳滩等。

（4）崎，形声字，从山，奇声，潮音读作［ki］或［gia］，原义指地面高低不平的样子。《集韵》载："於宜切，音漪。地名。上党崎氏阪。又渠希切，音祈。曲岸也。"又指曲岸。如香港的"龙崎"（也就是现在的浪茄）、"崎洲"等。

2. 人文地理类

（1）寮，形声字，上形下声，普通话读作［liáo］，潮音读作［liou］。潮汕话中意为"棚子"或"小屋"，南方人常用此做地名用字。据李如龙先生考证，"寮"字可能与台语相关，或许属于古台语的残留。① 在台语中，"鸡舍"或"围栏"等意义的用字与"寮"同音，读（laau），与如今的"棚子"之义有相似之处。一般在地理通名"寮"前加上能够描述该地区的特点专名用字，则形成某个标志地名。此字在广东地区常写作"藔"，在明朝之前很少发现有此用字的地名，随后不断增加，可见为不断发展起来的地方方言地名用字。"寮"字地名，在闽南和广东潮汕及沿海一带闽南系族群居住地习见，在其他地区出现，一般是由闽南人带入，如香港的"香粉寮""茶寮凹""寮肚"。在深圳共有8例，沙井有"上寮"村，曾姓，与新桥曾姓同宗，其祖先宋末由福建晋江迁来；龙岗爱联有"田寮"村，其祖先由福建迁来；龙岗五联有"上寮""下寮"；观澜有"田寮"；葵涌坝岗有"田寮下""田寮下滩"；南头有"田寮仔"。香港地名中，含有此字的有大洞禾寮、上田寮下、下田寮下、山寮、牛寮、大蓝寮、田寮村、禾寮墩、东博寮海峡、西博寮海峡、较寮、寮肚、穀寮、盐寮下等。

---

① 李如龙：《地名与地名学论集》，福建省地图出版社1993年版，第183页。

（2）埕，本字是庭，福佬方言中指海边饲养海产的田地，或是晒渔具或渔猎品的石地，后又可指场子，潮音读作［dian］。闽南农村建筑多为U形，U口包围的那一块地方，称为埕房子正门前的私人或公共空地，如闽南方言区的"门口埕"（门庭）、"曝栗埕"（晒谷场）、"盐埕"（晒盐场），香港的"咸鱼埕"（晒鱼场）等。粤方言中的"埕"，指盛液体的陶制容器，如"酒埕""打烂埕"等。

第二节　深港地名文化的不同之处

由于历史原因，深港地名文化又有不同之处。深圳地处改革开放的前沿，新地名中体现着移民文化和创新文化，比如"华强路""兴华路"等，就是改革开放的见证。香港是世界金融中心，又曾是殖民地，中西文化交汇于此，地名中又体现了多元文化和殖民文化。比如，"维多利亚港""公爵街""中英街"等，就是殖民文化的表现。

一　深圳地名所体现的改革创新文化

深圳是一个典型的移民城市。改革开放，兴办特区，数千万天南海北的移民操着带有浓浓乡音的普通话先后生活于斯，创业于兹，也将多元的地域文化融汇于此。深圳的移民文化既是传统的，又是现代的；既有华夏主体，又有岭南特质；既是多元的，又有独树一帜的改革创新文化，甚至还有西域文化的熏染。

深圳地处改革开放的前沿，新地名中体现着移民文化和创新文化，"同富路""华富路""创业路""华强路""招商路"就是改革开放的见证。比如深圳的华强北，"华强"二字，顾名思义，乃是中华强盛之意。华强北原属于上步工业区，在深圳的经济发展过程中，逐步成为深圳的重要商业圈，更获得"中国电子第一街"的荣誉，不愧"华强"二字。相似寓意的还有福田的"福强路""福华路""振华路""振兴路""华发北路"。改革开放之初，邓小平同志提出"让一部分人先富起来,最终达到共同富裕","华富路"寓意中华富裕。"同富路"寓意共同富裕;"裕安路"是从前进路到宝民路,以建设富裕的新安镇之意命名;"创业路"寓意深圳人民艰苦创业;"兴华路"则是以建立兴旺繁华的新安镇之寓意命名的。这些街道都命名于改革开放之初的 20 世纪 80 年代。

深圳以高新科技立城,有些地名就寓意科技创新。如南山区高新科技园的十余条道路就以"科苑路""科苑南路""科苑大道""科技南路""高新南路"等命名。南山西丽有一条 2014 年新命名的"科创路",位于中兴公司研发基地和深职院新校区之间,寓意"科技创新",契合当地环境。

深圳毗邻香港,新地名也受香港影响,如南山有个社区取名"卓越维港",深圳有的店铺直接取名"新旺角"。深圳也有少数地名受西方文化影响,如南山区的"海德一道""海德二道"等。

二 香港地名所体现的殖民文化和西方文化

由于长达 150 多年的殖民统治,香港的地名也融入了殖民文化、西方文化、中西方文化交流的元素。鸦片战争后,英国与中国签订了《南京条约》,取得香港岛,开为商埠。英国政府在接管香港后,曾打算在赤柱建立城市,但因卫生原因而放弃,转移到香港岛的北岸中部,并称这个地区为女皇的城市。后来,英国政府又以当时女皇的名字将这个地区称为维多利亚港。香港融合中西文化的地名有很多,比如渣甸山、艳马道、太古城、利元山、疏利士巴道、众坊街、列拿士地台、磅巷等。港英为强化其主权,将很多主要的山峰和海湾重新以英式名字命名,当时大多采用英国在任的大臣、将领或战舰的名字,歌赋山(Mount Gough)是来自驻港英军司令 Sir Hugh Gough(休·高夫爵士),浅水湾(Repulse Bay),顾名思义,是因为其水深较浅,而其英文名,则取自 19 世纪 40 年代曾于该湾停泊的英国海军战舰 H. M. S. Repulse。英国将自身的殖民文化带入香港,改变香港地名,主要可以归为以下几种方法。[①]

---

① 以下内容参考饶玖才《香港地名探索》,天地图书有限公司 2003 年版。

(一) 以人名音译后作为专名

如弥敦道、德辅道、般咸道、坚尼地道、轩尼诗道、漆咸道、加士居道、左敦道、柯士甸道、梳士巴利道、卑路乍街、干诺道、告士打道、坚道、遮打道、薄利臣山道、爹核士街、般咸道、宝灵街等。这些以人名命名的道路在香港有很多，特别是在港岛，其中有英国女王、皇室成员、香港总督、政界军界要员，还有做出重大贡献的社会名流等。仅以港督为例，历任港督共 28 位，其中就有 26 位的名字被用以给 62 个地方或街道命名。

(二) 将英国本土存在的地名转移到香港地名

1898 年租借新界后，英国和印度的一些官员，将其祖国的一些地名移植到北部的丘陵地，如三个山丘地名：Snowdon（斯诺登）、Biver（比弗）和 Cheviots（雪弗兰）（前两者位于威尔斯，后两者属苏格兰）。相应的，附近的一些溪流则用印度河流的名称，如 River Ganges（恒河）和 River Indus（印度河）（位于今天的巴基斯坦境内）。不过，这些地名因为不是当地居民所起，不能引起人们的喜爱，所以都没有被当地居民采用。

(三) 引用英国古迹名称

新界北区的坪輋路原地址，过去是一条乡村小径，经过打鼓岭警署通往边界。在 20 世纪初期，它有一个英文名称叫作华亭街（Watling Street，非正式译名）。这个名字是罗马帝国统治不列颠时代当地的六大古道之一，其路线由今天的英格兰东南海岸经伦敦直达西北"边疆"。这是由英国的驻军引用过来的。

(四) 引用世界各国的地名

英国统治时期驻军香港，也带来一些世界各国的地名。这是由于英国以往驻军其他国家，往往都是以所在地方显著的战役为地名。比如，位于新界的 Gallipoli Lines（加利波利线）（第一次世界大战，土耳其）和 Gassino Lines（加西诺线）（第二次世界大战，意大利），为香港的地名文化增加了一些国际色彩。

(五) 引用欧洲神话人物

欧洲神话人物如同中国的神话人物一般，常常是人们信仰膜拜的对象，将这些名字引用到地名中，给香港地名增加了一些信仰或者宗教的色彩。如西贡的白沙湾（Hebe Haven）和尖凤山（Hebe Hill），就是以希腊传说中能使人返老还童、恢复青春的女神喜比（Hebe）而名。

  除了以上几种，还有许多其他的命名方法，过于杂多，无法一一归类。第二次世界大战之后，香港政府对地方地名的方针慢慢地发生改变，尽量采取原地居民的用名习惯。在一些没有原地名的地方，如一些海域沙滩，则多采用中英文并用的方法，如钓鱼湾（Angler's Beach）、丽都湾（Lido beach）和三星湾（Trio Beach）。[①]

---

  ① 以上于饶玖才《香港地名探索》多有参考。

第四章

深港地名文化景观的形成机制

第一节 原住族群和移民与深港地名的文化景观分布

一 深港地名的民系结构和层次

综观深港地名，包含古越族、广府、客家、福佬四大民系的文化。从时间上看，古越族最古，广府次之，客家第三，福佬最晚。[①]从关系上看，广府地名承继古越地名，数量最多，影响最大；客家地名分布最广，形态最丰富，和中原文化、畲瑶文化都有承继关系，和广府地名文化、福佬地名文化有交集；福佬地名数量最少，影响也最小。深港族群地名在时间、空间和数量上的分布，与深港历史和现实中的族群居住、分布、交流情况高度吻合。

任何一地的地名系统都是有层次的，它是由各个时期产生的地名不断叠加而形成的。"一个地区的居民成分及其文化类型的变化往往在地名上留下痕迹，其结果是不同类型的地名在同一个地区形成不同层次的积压。一个地区的地名的历史层次可以跟文化的历史层次相印证。"[②]深港地名文化层从语言上明显可以分为三个层次，即古越语地名层（底层）、地方方言地名层（中间层）、全国通用语地名层（表层）。王彬等先生所绘的广东地名层分布图[③]，大致也适

[①] 曾祥委：《深圳的族群地名》，《宝安日报》2012年3月6日。
[②] 周振鹤、游汝杰：《方言与中国文化》，上海人民出版社2015年版，第176页。
[③] 王彬、黄秀莲、司徒尚纪：《广东地名语言文化空间结构及景观特征分析》，《人文地理》2012年第1期。

合于深港地区的地名层次（见图4—1）。

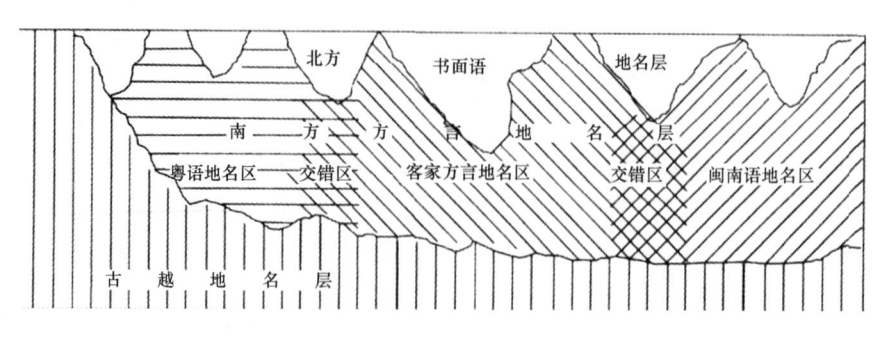

图4—1 广东地名层分布

（一）古越语底层地名

唐代以前，古壮族、畲族等南越族群是深港地区的原住民，他们长期生息于这片土地，留下了以"那""罗""古""瑶""拦""畲""峒""潭""坂""博""南""六"等作为通名的地名，构成今天深港地区的最底层地名，即古越语地名层。

（二）方言中间层地名

唐代以后，伴随中原移民的涌入和族群的杂居，南越民族被汉族同化，深港地区逐渐形成广府、客家为主体，福佬人散居的民系格局。粤方言"涌""沥""滘""步""輋""塝""塱""凼""围""墟"等为通名的地名，客家方言"圳""嶂""岭""坑""背""嫲""屋"等为通名的地名，福佬方言（闽南话）"汕""厝""寮""埕"等为通名的地名，构成深港地区中间层地名，也折射出深港地区浓郁的岭南地域文化。

（三）通用语表层地名

所谓表层地名，即全国古今通用的标准地名，这些通名往往是基于汉民族共同语的，如以山、河、湖、海、岛、滩、桥、路、村、小区、街道、区、市等为通名的地名。数千年来，深港地区长期作为中国的一个行政区域，其地名自然受到共同语的影响。比如，深圳的"圳"本是客家话中表示河流的通名，但受民族共同语影响，指河流时又加了一个通名"河"——深圳河。深圳是一个移民城市，汉民族共同语是最主要的交流工具；香港是中国的特别行政区，随着和内地不断融合、粤港澳湾区的一体化，民族共同语——普通话在香港也被广泛使用。这就使得基于共同语的地名不断增加。随着现代地名命名的科学化和管理的规范化，通用语表层地名将会成为深港地名的主体。当然，香港的政区通名、少数和英语有关的地名与深圳有所不同。

二 移民和深港地区地名文化景观的分布

移民和族群杂居改变了深港地区的民系结构，进而也改变了地名的文化景观分布。族群之间的相互交往和语言成分的相互借用，也使得出现诸如"围""寮""坂""埔""步"等三大民系都使用的、具有岭南特色的地名通名。

唐代以前，虽然经秦始皇曾迁谪大批汉人开发岭南，五胡乱华时期也有汉人陆续入五岭，但岭南地区的民系还是以南越百族为主体。南越诸民长期生息于岭南大地，创造了辉煌的古越族文化，而地名文化既属其中之一，前述的岭南底层地名就是其地名文化的遗存。

唐代以后，北方汉人从不同方向和以不同方式多次大规模南迁入岭南，包括深港地区，从根本上打破了百越土著人为主的岭南民系格局。汉人带来了先进的农业生产技术和文化，在和百越民族融合杂居的过程中，逐渐汉化了南越百族。至宋元时期，岭南地区已形成以汉人为主体、以汉语（粤方言）为主流的族群和文化形态。及至明清时期，已基本形成目前岭南地区的地名文化格局。[①] 显然，岭南地名文化的发展和形成是与北方汉人不同历史时期南迁分不开的。北方语的传入，给南越文化注入新鲜养分，使之得到改造和提高，并向多元化发展。

在向深港地区移民过程中，北来汉人因来源地、迁入时间和聚集地不同，最终分别形成广府、客家为主体，福佬人散居的民系格局。这种民系格局和深港地区的民系特有地名在时空分布上也是一致的。百越遗存的带有"那""罗""古""瑶""畲"等字的地

---

① 王彬、黄秀莲、司徒尚纪：《广东地名语言文化空间结构及景观特征分析》，《人文地理》2012年第1期。

名，现今广府的带有"涌""沥""滘""步""蓢""塱"等字的地名，客家的带有"屋""磜""崀"等字的地名，福佬的带有"厝""寮"等字的地名，都是深港地名文化景观之地域特色的一部分。

从宋代至清初，深港地区绝大部分土地肥沃的平原地区均为广府人居住。他们人口多，在经济和政治上占据优势，所以在深港地区的影响力最大。客家人虽然在明朝时期就已经迁入深港地区，但是大多数人都是寄居在广府人村中为佃农，或有些是在比较高而贫瘠的山中进行土地耕作，所以形成的地名比较少。福佬人也是后来才迁入深港地区的，主要散居在深港各地，多从事渔业和海运业，对深港地名的影响力不大。可以这样说，清代以前，深港地区的地名，多数是粤语系的。

深港广府人地名和东莞粤语地名连成一片，均为广府地名文化的一部分；深港东北部的客家方言因其保留了中原汉语，在深港地名文化景观中自成一区，形成客家地名文化景观区。此区与惠州、河源客家文化区连在一起，其地名突出特征是带有明显的北方汉人思维方式、命名模式和山区地貌景观特征。特别是大量以"姓+屋"命名地名，不仅适应了当地的自然地理特点，更是那种离散、流亡的人生经历与历史记忆在文化中的积淀和呈现，是族群认同的思想结晶和现实表现。与前两者不同的是，深港福佬地名散见，而且很少，这与如今潮汕人活跃在深港各个领域的状况形成较大反差。

第二节 湿热的气候、复杂的地形与深港地名的形成

地名是地理的反映。深港地名以山、水等地理实体为首尾字的地名较多，它们都是该地湿热气候、复杂地形的反映。

一 湿热气候与深港地名

深港地区属亚热带湿润气候，高温多雨，径流丰沛，水网密布，

大小河流众多，深港地区形成大小河流近200条，分属东江、海湾和珠江口水系，而且，流域面积大于100平方公里的河流有深圳河、茅洲河、龙岗河、观澜河和坪山河5条。又因三面临海，海洋景观丰富，多条河流和临海条件促进了深港水文地名的形成，如"涌""滘""凼""圳""沥""塘""潭""湾"等带有岭南特色的地名。

深港地区大部分河流面积比较小，最多的水域类型就是"塘"和"凼"，比如深圳沙井的"菱塘"、罗湖的"荷塘坑"、沙头角的"塘墁吓"，香港的"南氹"等。由于深港地区海拔比较低，大部分河流都比较浅，虽然类似"潭"的意义上是比较深的地方，但相对于江海来说还是比较浅，比如带"圳""沥"和"潭"等字的水名。深圳田边有一条深水沟，当地的客家人习惯称田野间的水沟为"圳"，所以便将此深水沟称为深圳。居住在河流的不同位置，可能会成为地名的一部分，人们多用河流的起始点（头、尾）、岔口（涌、冲）、交汇处（滘）、弯曲的地方（湾）作为地名的一部分，比如宝安的"虾山涌""孖庙涌""福永正涌"都位于河流入珠江的岔口处。从上游到下游来看，福永正涌位于上游，孖庙涌位于中游，虾山涌位于下游入江口。

二 复杂地形与深港地名

深港地区陆地地形复杂多样，面海靠山，有岛屿、沙滩、平原、滩涂湿地、丘陵、山地、台地等多种地形，因此形成带有"沙""岛""田""畲""埗""磡""坑""塱""埔""輋""墩""围""岭""嶂""嫲""岗""背""坪""陂""坳"等字的地名。

含有平原特征的地名用字有"地""棠""埔"等。"地"指广阔而大致平坦的陆地，如黄獠地；"棠"，指广阔而平坦的地方，如大棠；"埔"指山脚较平的地方，如大埔。含有盆地特征的地名用字有"谷""盆""窝"等。"谷"指山间的低地，如蝴蝶谷、快活谷；"盆"指广阔的山谷或盆地，如锁罗盆；"窝"指面积较小的山谷或盆地，如白石窝。含有丘陵特征的地名用字有"台""墩"

"垄"等。"台"指地面或海上隆起的小山，如蒲台；"墩"指土堆、圆形小山丘，如黄泥墩；"垄"指地面上突出的小丘，如靠背垄。含有山峰特征的地名用字有"岭""嶂""笏"等。"岭"指山脉、山峰、长形山峰，通常是树木较少的地方，如八仙岭；"嶂"指地势高险像屏障的山峰，如嶂上；"笏"指平缓的山顶，如大笏笏。含有山地特征的地名用字有"壁""坡""坑"等。"壁"指高而陡峭的山崖，如石壁；"坡"指地形倾斜的地方，如坡面；"坑"指地洞或山谷，如大坑。含有岩洞特征的词有"岩""磡""洞"等。"岩"指岩石暴露的山、石窟或者石洞，如吊草岩；"磡"指海岸线嵌入的地方，如横头磡；"洞"指山岭中自然形成的洞穴，如张保仔洞。含有植被特征的词有"树""林"等。"林"指树林茂密的地方或乡村，如百花林、梅子林等。

含有海洋特征的地名用字有"海""洋""浪""沙""泥""澳""湾""白""甲""礁"等。"海"指大水域，面积通常比"洋"小，如黄竹角海、牛尾海、粮船湾海；"洋"指广阔的水域，如"独鳌洋"；"浪"指风浪大的海岸或岸边村落，如大浪、二浪。"沙"指泥沙沉积而成的陆地，如落禾沙，在珠江三角洲也指围海而成的田地，如万顷沙；"泥"指泥土或沙滩，如白泥；"澳"指海边嵌入可停船的地方，《广东新语》载："澳者，船口也。"如将军澳，有时也指沙滩和村落，如榕树澳。"湾"指海岸凹的地方，如清水湾、大鹏湾。"白"本指海岸的白沙，引申可表示沙滩，如香港大屿山东边的大白（今名愉景湾）、二白、三白和四白。含有岛屿特征的地名用字有"丫""汕""甲"等。"丫"也作"亚""桠""鸦"，指有双峰或尾端分叉的海岛，如北丫、南丫岛、小鸦（丫）洲等。"汕"指暗礁，海边安设捕鱼器具的陆地，如汕头角。"甲"原作"岬"，指向海突出的陆地尖角，如深圳宝安的"一甲"，当初应该离海洋不远；还可用作岛屿的通名，如深圳大鹏半岛东边的大辣甲和小辣甲两个小岛。"礁"意指珊瑚生长而形成的礁堆，也作"铲"，如香港船湾的礁头角，西贡的大、小铲洲。

第三节　行政干预与文化殖民
对深港地名的影响

从地名发展历程看，地名命名已从约定俗成的名称发展到人们有目的地对周围地理实体进行命名，而且要受行政力量控制，使地名的命名带有一定强制性，甚至因为行政政策而改变地名的文化格局。

一　行政干预对深港地名文化的影响

秦代以来，因北方汉人的大规模迁入深港地区，政治统治逐渐加强，地名数量在迅速增加和保留原有部分地名特征的基础上，命名方式和文化内涵逐渐体现与反映出北方汉人文化和中央政权思想的要求。到了宋代，南迁北方汉人在数量上已明显占据优势，成为主要的居住群落，改变了深港人口空间分布。明清时期，政治体制和汉文化在深港得到进一步推广，进而形成深港地区具有岭南特色的地名文化景观分布结构。

政区调整、政权更迭、统治者的意志变化等政治因素，也会导致地名更改。秦入岭南置3郡，下辖5县，深港被纳入中原王朝版图，大批北方汉人南迁，揭开中原汉人开发深港的序幕，中原王朝政治区划和地名文化随之播衍于此。东晋咸和六年（331年），将属南海郡的东南沿海地带划分出来，另成立东官郡（东莞郡）。东莞郡辖宝安、兴宁、安怀、海丰、海安、欣乐六县，范围包括珠江三角洲及惠州潮州一带。宝安县的辖地包括香港地区和现在的深圳市、东莞市。到了隋朝开皇十年（590年），东莞郡被撤销，宝安县归属广州，香港仍属宝安县。屯门地势险要，唐开元年间中央政府设置屯门军镇，派遣两千士卒镇守，屯门得名于此，意思即是设有屯田防卫之兵的海门。唐肃宗至德二年（757

年），因憎恨"安史之乱"首领安禄山之"安"字，改"宝安"为"东莞"。明神宗万历年间，为海防之需，从东莞析出"新安县"，深港地区也属于新安县管辖。民国时期（1914年），为避免与河南省新安县名重复，又改回宝安县旧名。

中国政府自20世纪80年代以来实行改革开放政策，利用毗邻香港之地利，在原宝安县设立深圳经济特区，于是革新观念、文化深入人心，西方文化渐入。深圳出现了一些反映革新图强寓意的地名，以及一些西化的地名。改革开放之初，深圳特区只有罗湖、福田、南山3个行政区，如今已有罗湖、福田、南山、盐田、宝安、龙岗、龙华、坪山、光明9个行政区和1个功能区——大鹏新区。

二 文化殖民对深港地名文化的影响

殖民者除政治、军事统治外，还要在文化上进行殖民统治；地名具有文化属性，他们自然会在地名上动手脚，以强化其统治。比如，1942年日军占领香港，宣布更改第一批地名，将香港、九龙20多处街道、广场、地区换上日化名称，以体现出日本地名文化的习惯和审美情趣，如将"道"改为"通"，将"街市"改为"市场"，将"太平山"改为日化为"香之峯"，以维多利亚女王命名的"皇后大道西""皇后大道中""皇后大道东"分别被改为"西明治通""中明治通""东明治通"。所有招牌或街头广告的英文，全部被涂抹改换或拆除，目的是"为清洗从前英夷据治下所遗留之污点"。幸亏日本殖民统治香港很短，被日军更改的香港地名在日本投降后便复名。

一个半世纪的英国殖民地历史和中西文化交流，使得香港出现了大量反映殖民文化的地名、翻译地名和西式地名。在香港，仅以英国皇室成员、港督、殖民地官员、英军军官命名的街道就有800多条，如"麦理浩道""皇后大道"等。这些地名有的是殖民统治强制命名或更改，有的是文化融合过程中的主动命名，其例前文已述，在此不赘。

第四节 语言的使用规律和认知规律对深港地名的影响

一 语言文字与地名

（一）地名文化说到底还是语言文化

语言文字是地名产生和应用的前提。语言文字是地名的载体，地名文化主要蕴含在语言文字中，因此说到底，地名文化学就是语言文化学。曾世英先生指出："地名是专有名词，它的发生和发展无疑和人类语言、文字的发生和发展有密切关系。"[1] 地名文化景观的形成和发展，不仅要受制于以上诸多要素，还有语言发展变化、使用规律和认知规律的影响。

地名的产生是一个历史的过程，是该地的原住民长期共同约定俗成的结果；地名一旦形成并进入语言，就会受到语言使用规律和演变规律的制约。语言的使用规律制约了语言符号的生产（命名）和应用（传播），人们在地名命名时多回避使用一些容易引起不雅、不好或不快之谐音联想的字眼。如前述，"镇扬大桥"引起扬州人的不快，于是就回避"镇"字，以镇江古名"润州"之"润"代替，最终命名为"润扬大桥"，皆大欢喜。

地名会随着语言文字的发展而发生变化。深圳的狗公山，香港的鸡公头、鸡公岭，阳江的猪牯石、鸡母岭、鸡公咀，梅州的鸭妈坝，增城的牛牯嶂、猪牯岭，潮安的牛牯岭、鸡母坞、鸡公髻，普宁的鸡婆石，王华的猴公寨、虾公地、鸡麻桥，乐昌的鸭麻冲、猴牯岭等地名（其中的公、牯表示雄性，婆、麻、妈、母表示雌性），都是上古汉语"修饰语在后，中心语在前"这一语序在地名上的遗存，而现代的地名则是遵从共同语"修饰语+中心语"这一语序，如狮子山、莲花山、大鹏半岛、光明区等。上古有"通名+专名"的地名结构，如深圳的罗湖、阳春的罗银、饶平的罗坑、广州的古

---

[1] 曾世英：《地名工作中的语言文字问题》，《语文建设》1986年第Z1期。

田、佛山的古灶、番禺的古坝、顺德的古粉、新会的古兜山、中山的古镇、台山的古斗、开平的古情岭、高要的古坝水、广宁的古丽、罗定的古榄等地名就是这种结构，其中的"罗"是表示山的通名，"古"是表示聚落的通名；但现代地名的命名一般都是"专名+通名"的结构。大陆汉字简化后，依据《汉字简化方案》《现代汉语通用字表》和《第一批异体字整理表》，一些地名的写法就发生了较大变化。人们使用文字过程中的因形致讹、通作、混用、同音假借，也会导致地名书写形式的变化，如埗、步和埔。围和圩在广府地名和客家地名中均有出现，甚至在福佬地名中也有分布。

（二）汉语方言与地名文化

汉语方言复杂纷呈，和地方民俗、文化相依存；汉语地名一般用方言命名，因而汉语地名文化也呈现出特色浓郁、丰富多彩的文化生态。汉语方言地名承载着厚重的乡土文化，在保存地域历史、文化、民俗等方面具有独特的价值，是重要的社会文化资源。

地名的方言用字有着浓郁的地域特色。山东人把四周陡峭、山顶较平的山叫"崮"，如临沂的"孟良崮""石崇崮"、枣庄的"犊崮"、东平的"龙崮"、平邑县的"五王崮"等。但同样的地形，在西北却叫作"塬"，如临潼县的"孟塬"、三原县的"丰塬"等。西南官话中，也有把山叫作"界"的，"界"的本意是分界，由于古代政区多以山为界限，于是引申有"山"义，如湖南湘西的"张家界"、四川的"老山界"等。湘方言区中多习惯于把山叫作"岭"，如长沙的"识字岭""留芳岭""黄土岭""金盆岭""长岭""窑岭"等，但多指小山；同样是小山，湖南益阳却叫"仑"，如"桃花仑"等。垟（音 yáng），系吴方言俗字，指宽广、平坦的田野、田地，甬剧《姑娘心里不平解》载："太阳高高照四方，姑娘送饭下田垟。"特别是浙南一带，常用"垟"做地名，如乐清有"翁垟"，永嘉有"上路垟"，平阳有"吴家垟"，文成有"石垟"，市郊有"五凤垟"，鹿城有"垟儿路""隔岸垟巷"等。"嘴"用作地名时是指某个突出的地方，如"山嘴"；水边的滩涂突出部位，有的地方也称为"嘴"，最有名的是上海的"陆家嘴"。但在深圳，相似的地形则叫"口"，如南山区的"蛇口"。在洞庭湖地区（主要是湖南西北部和湖北的一些地方），则把上海人叫作"嘴"的地方叫作"头"，如"黄山头"等。江南一些地方和北方某些地方则把水边突出的岩石或石滩叫作"矶"，例如湖南岳阳的"城陵矶"、长沙的"三岔矶"、湖北的"禹功矶"、江苏的"燕子矶"、安徽的"采石矶"等。深港地区的"涌""滘""浪""排""甲""丫""畲""古""沙""罗""坂""寮""埕""那"等地名的通名用字，则反映了岭南地理特征。

民俗文化也会影响地名的命名，如古南越族曾以"鹤"为图腾，广州的鹤边、顺德的冲鹤、中山的古鹤、深圳的鹤洲、东莞的鹤田、清远的白鹤汛、阳春的鹤塘、龙门的鹤湖、信宜的鹤池、潮阳的鹤洋等地名，就是这种图腾文化的反映。南方重视风水，出现了一些风水地名，如香港屯门就有所谓"九地"：龙地、虎地、凤地、水地、云地、寿星地、龟地、鹿地、鹤地。

二 语言的使用规律和认知规律对深港地名的影响

地名的发展变化要遵循语言自身的约定俗成规律和使用者的认知审美规律。深港的一些地名也体现了人们语言使用中的趋利避害、避凶求吉、避俗求正、避亵求雅等认知心理。

（一）避亵求正

位于香港大埔船湾的"大美督"，原名"大尾笃"，因尾和笃都有尽头的意思，谐音写作"大美督"。香港的"田下湾"原名"下流湾"，和上流湾位置相对而名，但因"下流"意亵，遂避亵求雅，复名"田下湾"。深圳横岗街道东南部有个牛始埔村，始建于明朝期间，因黄、李、郑氏先祖率族人从福建南迁至横岗六约地而形成。牛始埔之得名，有两种说法：一说牛始埔原名"鳌池埔"，本地话中"鳌池埔"三字与"牛始埔"谐音，因"鳌"字笔画太多难写，久而久之就演变为"牛始埔"；一说原名叫"牛屎埔"，避讳屎字而求雅，改成"牛始埔"。无论哪种说法正确，简写或者雅化，都体现了语言文字的使用规律。

（二）避凶求吉

位于香港鲤鱼门北面的五桂山，原名"五鬼山"，因为这里聚居大量海盗，后来雅化为"五桂山"。香港有一个有趣的方位地名，叫"望东湾"，位于大屿山芝麻半岛西边，该村明显面向西边，却取名"望东"，这是因为中国人把死亡称作归西，改称"望东"，显然是为了避讳。①

（三）避俗求正

位于香港西九龙的九华径，原有俗名"狗爬径"，因山径上经常有野狗爬行而得名；后因其名粗鄙，改为粤语谐音的"九华径"。旺角原名为"芒角村"，后来改为"望角"，最终改称"旺角"，取其"兴旺"之意。深圳罗湖区有不少地名带有"贝"字，如"田贝""水贝""湖贝""黄贝岭"等，田贝是指田的背面，"贝"其实是显示方位的，是"背"字的一种简化写法，也是一种雅化的写法。深圳大学所在的原桂庙村，始建于清代，又叫"红花园村"；"桂庙"最早叫"龟庙"，因村民在庙中供奉神龟而得名，后来将"龟庙"雅化，写作谐音的"桂庙"。

南越和广府土著居民、客家、福佬移民及其文化，湿热气候和复杂地形，政治干预和中原文化的影响，现代移民文化和文化交流，以及语言的约定俗成规律和认知规律的共同作用，成就了丰富多彩的深港地名文化景观。深港的地名文化既是传统的，又是现代的；既有华夏主体，又有岭南特质；既是多元的，又有独树一帜的改革创新文化，甚至还有西域文化的熏染。

地名涉及语言、政治、社会、历史、民族、文化、地理等多个学科。深港地名文化景观虽多是历史遗留的地名，但也会随着时代变迁和外来文化的影响而不断更替和变化。

---

① 饶玖才：《香港地名探索》，天地图书有限公司2003年版，第29页。

第五章

深港地名存在的问题及其规范与保护

地名拥有丰富的历史文化内涵,是传统文化的重要组成部分。日前中国政府出台的《关于实施中华优秀传统文化传承发展工程的意见》中,明确提出要"推进地名文化遗产保护"。"作为文化遗产的地名,具有彰显城市特色,提高城市可识别度的作用。同时也为城市精神文明建设创造一种文化空间,有利于城市文化的传承。全国各城市大规模建设、旧城改造,城区和郊区大量的历史地名消失,同时出现一批与城市本身文化不相容的地名,它们割断了城市的历史,成为城市文化可持续发展的障碍。建设城市地名文化,要对城市的自然地理环境、人文历史环境进行研究,把握历史地名体系的脉络,合理利用历史地名。"[①] 因此,充分发挥地名的作用,就需要对地名进行规范化。所谓地名的规范化,就是按照一定的标准将地名的称谓和书写进行统一和规范,明确其使用条件和范围,并将其固定下来。深港地名也存在亟须规范化和地名文化保护的问题。

第一节 深圳地名存在的问题

深圳作为经济特区,自 1980 年成立至今,城市化进程不断加快,深圳的社会经济和城市建设以超常的速度发展。在这个发展过

[①] 王长松:《通州中心城地名文化遗产分析》,《北京规划建设》2008 年第 1 期。

程中，新生的地名不断增加，大部分的道路在建设过程中由建设单位自行命名并设立了路牌，且沿用至今，少部分道路在建设过程中并未进行命名。由于早期深圳的路名管理系统并不完善，缺乏相应的管理依据和管理规则，造成一些重复地名、一地多名等不规范现象。

一　重名问题

深圳地名的重名问题集中在道路、桥梁上。据调查，深圳市各等级道路涉及重名问题的共有1135条，其中宝安区和龙岗区与特区内发生重名的道路较多，这主要是以前的二元管理体制导致的。重名道路大多集中在支路和小区路，部分道路专名由于使用频率较高，甚至存在多处重名。作为深圳主要道路名称的"北环路"至少在原特区、石岩街道和沙井街道有三个重名，同在宝安区的西乡街道和石岩街道都有一条"创业路"，而在南山区和龙岗区各有一条"创业路"。宝安、南山、罗湖、福田各区都有一条"梅园路"；宝安、龙岗和罗湖三个区各有一条"和平路"；"振兴路"存在于福田、宝安和龙岗三区；盐田、宝安、龙岗、南山等区各有好几条路都是一个路名——"公园路"；深圳全市共有12条"同富路"、9条"教育路"、7条"建设路"、6条"同心路"、2个"北斗人行天桥"。[1]

根据《深圳地名志》[2]进行统计，发现除了道路、桥梁的重名较为集中外，其他地名的重名问题也较为突出，主要是山峰和村庄的名称。宝安、龙岗、罗湖、盐田各区都有一座名为"求水岭"的山峰；南山、宝安和龙岗三区各有一个名为"墩头"的村庄；罗湖区和龙岗区都有一座名为"伯公坳"的山峰；宝安区和福田区各有一个名为"老围"的村庄，而在龙岗区也有一个名为"老围"的村庄。《深圳市地名志》中收录的同名山峰有：2座"大山"（龙岗区和南山区）、2座"七娘山"（龙岗区和福田区）、2座"大望山"

---

[1] 陈果：《深圳113条道路要改名》，《广东建设报》2009年12月4日第A04版。
[2] 蔡培茂：《深圳地名志》，科学普及出版社广州分社1987年版。

（龙岗区和宝安区）、2座"大岭古"（盐田区和龙岗区）、2座"马岭"（罗湖区和龙岗区）、2座"红花岭"（南山区和龙岗区）、2座"笔架山"（宝安区和龙岗区）；《深圳市地名志》中收录的同名村庄有：2个"大沙河"（南山区和宝安区）、2个"大岭下"（福田区和龙岗区）、2个"上围"（罗湖区和宝安区）、2个"上寮"（宝安区和龙岗区）、2个"长岭"（罗湖区和龙岗区）、2个"坑尾"（宝安区和龙岗区）、2个"围肚"（宝安区和龙岗区）、2个"新塘"（南山区和宝安区）。

重名会给人们带来诸多不便，影响人们的日常生活，特别会给行政管理和邮政工作带来困难。但是，地名是当地人集体的约定俗成，使用的时间都很长，所以解决重名问题，要有一个循序渐进的过程。

二 一地多名或名不副实问题

深圳还存在一路多名的情况，出现了政府批准名称、路牌名称、门牌名称不一致的现象。例如，西丽有一条批准名称为"文光路"的道路，它的路牌名称却是"沙河路"；桂庙街道办一条道路的批准名称为"松园东街"，门牌却以"桂园北路"编号；宝安福永街道一条道路的路牌名称为"岑下路"，沿路的门牌却标为"岭下路"；清水河街道办一条道路的路牌名称为"樟拳路"，但街道办及当地居民均称该路为"鹤围路"。

名不副实的地名，例如不在燕南路的天桥却称作"燕南天桥"，不在深南路与新洲路交叉位置的天桥却叫作"深南新洲人行天桥"，名不副实。有的区别度不大的地名也常常使人混淆，如"福华一路""福华二路""福华三路""福华中路"等，不具有特点，区别性不大。随着深圳城市化的发展，新的社区楼盘不断涌现，而有的房地产开发商为了使楼盘名称引人注目，常常用"都""城""城邦""山谷"等命名，也造成一些名不副实的地名。[①]

[①] 冯杰：《深圳地名规范酝酿大动作》，《深圳特区报》2007年4月17日第A10版。

三 同音近音问题

深圳地名中，同音、近音的字常常使人混淆。同音的路名，例如罗湖区的"和平路"和龙岗区的"禾坪路"同音，罗湖区的"布心路"和宝安区的"布新路"同音，龙岗区的"宝红路"和宝安区的"宝宏路"同音，葵涌街道办事处的"溪涌"与南澳街道办事处的"西冲"同音。[①] 近音的路名，比如龙岗区的"鸿进路"与"鸿景路"，宝安区的"康民路"与"康明路"，龙岗区的"长金路""长景路"与宝安区的"长锦路"等。这些同音和近音的地名由于用字不同，对本地居民影响较小，但可能会对外地来深的游客造成不便。

四 地名缺乏特点，不具识别性

深圳有的地名缺乏特点，不具有识别性。在一些新开发的小区里，有的道路在规划之初便直接被命名为一号路、二号路、三号路，建成后便直接沿用规划上的叫法，这种路名指位性不强。宝安区和特区内的部分区域有较多的"一号路""二号路"等数字路名，甚至在南山西丽有一个名为"366大街"的步行街，既缺乏标志性，又没有凸显出其步行街的特点。

深圳某些地名直接将道路叫作"公园路""工业路""商业路""教育路"，仅仅是因为这些路有的位于公园旁边，或者是位于工业区旁边，或是位于商业区旁边，或是位于学校附近。例如，深圳市就存有9条"教育路"、4条"公园路"。这些缺乏特点的地名，不具有识别性，容易造成混淆。

五 地名标牌语言混乱及缺失问题

由于深圳地名管理的有关部门综合协调不够，地名管理系统不够完善和规范，有路无门牌号码的比比皆是，许多街道没有门牌编号，有的即便有门牌编号，可是门牌编号混乱错序，从而给邮政带

[①] 张军：《国际化城市与深圳地名管理》，《深圳特区报》2006年1月16日第A09版。

来诸多不便。有的地名标牌的汉语拼音与英语混用,如"大街"有的标牌翻译成"road",有的翻译成"street"。汉语中存在许多无法准确翻译的地名,于是有的地名标牌出现了汉语拼音与英语混用的情况。

第二节 香港地名存在的问题

一 重名问题

重名问题在香港地名中也比较突出,如香港岛有北角,屯门有北角,南丫岛也有北角。根据《香港地名志》统计,香港总共有重名163个,其中出现两次的有123个,如"大湾""水边村""落马洲"等;出现三次的有29个,如"北角""大浪""观音山"等;出现四次的6个,如"田寮""深湾""湾仔"等;出现五次的有2个,为"田心""白沙湾"。出现重名最多的地名为"新村",出现了15个,"旧村"出现了10个,"东湾"也出现了9个。香港地名中,名为"田心"的地名一共有5个。"田心"这个地名是由于20世纪50年代新界地区的外来农民增加,各地由水稻种植变成蔬菜种植,很多佃户在耕地旁边修建房屋,于是便形成很多位于田地中间的小村,根据小村的这个特点,就取名为"田心"。[①]

二 一地多名

一地多名也是香港地名中存在的一个问题。例如,香港马鞍上东北面的海湾,当地的村民一向称为"企岭下海",意思就是企岭下村附近的海域,这是当地居民以陆地为主的角度为地方命名。但是从海上来的英国船员的角度来看,则将它叫作"Three Fathmos Cove",意思是水深约三浔的海域,这是英国船员以海洋为主的角度为该地命名。命名的角度不同,也就使得一地多名。[②]

香港有一些地名,虽然英政府给其取了书面的官方名称,但是

---

① 香港特别行政区政府地政总署测绘处:《香港街:街道及地名录·2015》。
② 饶玖才:《香港地名探索》,天地图书有限公司2003年版,第61页。

本地居民仍从实用的角度出发,写实的口头名应用得更为广泛,从而造成一地多名的问题。例如,香港人把"厚成街"称为"食街",把"文咸街"称为"南北行街",把"乍畏街"称为"苏杭街",把"永胜街"称为"鸭蛋街",把"永安街"称为"花布街"或"大姑街",把"阁麟街"称为"雀仔街",把"文华里"称为"图章街"等。①

三 记录偏误

地名在记录和流传的过程中,主要是依靠官方的记录和民间的书籍。在记录过程中,有时会发生一些偏误。例如,地名志在编纂过程中,编纂者的水平参差,在其收集资料、印刷和校对的过程中会产生偏误。民间的书籍,在互相传阅抄本的过程中也会产生偏误,造成不正确地名的传播。即便是测绘、地图工作者在给地图标注地名的过程中,由于他们把注意力集中在地形、地物、经纬度上,缺乏语言学、历史学的知识,没有进行验证和考核,因而难以提供准确的地名资料。例如,"屯门"曾被误写作"團门"和"传门","绞塘"变成了"高塘","旺角"的英文地名也因抄写的人把 M 和 W 写反了,从"Wong Gog"变成"Mong Kok"。

除了地名的记录偏差外,方言也会引起地名偏差。香港作为一个国际性大都市,有着大量的外来移民,同时也带来不同的方言。广府、客家、福佬语系,其发音各有其独特之处。因此,当地名由口语变成文字的时候,自然会产生一定的偏误。例如,客家的"坪山仔"(由坪山分支来的小村),变成"坪山寨",使人以为该处曾为防御性的围墙。香港大学附近的一条街道有着两个名称,一个是"般咸道",另一个为"般含道",咸和含音近,可能是受不同族系语音的影响。②

四 地名翻译的偏误

在香港地名中,还有一个值得关注的现象,是双语地名的存在。

---

① 夏敏:《香港历史的地名透视》,《南京大学学报》2001 年第 4 期。
② 饶玖才:《香港地名探索》,天地图书有限公司 2003 年版,第 63 页。

在英国百余年的殖民统治中，英国政府在香港地区强制推广英语，使英语成为官方的语言文字之一。同时，华人占绝大多数的香港有着根深蒂固的汉语传统，在香港的华人大多以粤语交流，中文的音译也以粤语的发音为基准，于是在中西文化交汇中，形成香港地区独有的"中英并用"的双语制度。因此，地名和街名的翻译是管理工作的重要一环。英国政府在管理香港的初期，主要是用英语来管理香港的行政，对于地名转译为中文，没有予以重视，也没有相应的准则，因此在转译过程中出现了不少的错误。根据这些地名的主要缺点及其原因，可以归纳为以下几类。

（一）中文地名用字生僻

香港在将英文地名转译为中文地名的过程中，由于对汉字不了解，大多采用的是汉语中的一些生僻字，既难读又难以理解其含义。例如，"Cleverly Street"译作"急庇利街"，"Davis Street"译作"爹核士街"，"Jervois Street"译作"乍畏街"。这些生僻古怪的地名，不仅在生活中给人们带来不便，在书面表达中也给人带来不便。[1]

（二）对英文的理解有偏误

英文和中文一样，一个词可能有几种不同的含义，如果没有了解街道命名的理据，仅从字面上翻译地名，有时会产生一些偏误。例如，湾仔的"Spring Garden Lance"被译作"春园街"，但这条街是因为有泉水而得名，翻译的人却将 Spring 看作春天来翻译，忽视了 Spring 也有泉水的意思。北角的一条街名为"Power Street"，因为临近发电厂而得名，却被误认为国际舞台上的强国，被译作"大强街"。[2]

此外，中文和英文的发音规律不同，英国的有些地名是不能用常规的角度来看待的，否则会产生错误的译名。例如，港岛半山的"Bonham Road"，被译作"般含道"。Bonham 其实是人名，按照英语的发音，Bonham 中的 h 是不发音的，所以应该译为"般邻道"更为准确。在更早的时候，这个地名被译作"文咸街"，可能与当

---

[1] 饶玖才：《香港地名探索》，天地图书有限公司 2003 年版，第 138 页。
[2] 同上。

时在此地居住和经商的大部分为潮籍人士有关，因为 Bonham 的发音与潮汕方言中的文咸相似。①

（三）对于英国的文化和事物不了解

每个国家都有自己特有的历史文化，不同的文化背景下导致不同国家的人们认识事物的观点和角度不同。例如，"Queen's Road"被译作"皇后大道"，该路是以"Queen Victoria"而命名的，但中国自古是一个男权社会，对于女性掌握国家政权持反对态度。于是，对于"Queen"这个词的理解便成为"英皇之后"，而不是英国的君主，所以这条街的正确译名应该为"女皇大道"。此类偏误，最引起关注的，就是油麻地的"公众四方街"（Public Square Street）。这个地方原来是天后庙前面的一块空地，在油麻地成为市区之前，是公众聚居和小贩摆卖的地方。英国人觉得这个地方像是英国城镇的公共场所（Public Square），所以在建设道路的时候将它命名为"Public Square Street"。但翻译的人因为不了解英国城镇的 Public Square，便直接从字面意义上将"Square"当作方形的意思，从而把这条街译作"四方街"，这令当时的人十分不理解。直到最近，政府才将其改为"众方街"。②

五 中英文地名不对应

除了地名翻译的偏误造成的中英文地名不对应问题，由于历史原因，香港有些地名的中英文地名为中文地名和英文地名独立分开并存的，中文地名和英文地名之间没有太多的关联。例如"铜锣湾"，中文名因天然海岸线如铜锣，即现在的"铜锣湾道"（还有一说法是因为区内的天后庙有一个大铜锣），而"铜锣湾"的英文名为"Causeway Bay"，即翻译后的"高士威道"，其命名依据是该处海边有连往北角的堤道。"堤道"的英文是 causeway，可见"铜锣湾"和"Causeway Bay"并没有直接的联系。"浅水湾"的中文名因为旁边是"深水湾"（Deep Water Bay），而其英文名却为"Repulse Bay"，以英国皇家军舰 HMS Repulse 命名，可见"浅水湾"和

---

① 饶玖才：《香港地名探索》，天地图书有限公司 2003 年版，第 138 页。
② 同上书，第 139 页。

第五章 深港地名存在的问题及其规范与保护 75

"Repulse Bay"也没有直接的联系。类似这种中英文不对应的地名还有"香港仔"（Aberdeen）、"大屿山"（Lantau Island）、"青山湾"（Castlle Peak Bay）、"大鹏湾"（Mirs Bay）、"后海湾"（Deep Bay）、"赤柱"（Stanley）等。[1]

第三节 深港地名的规范化建议及其文化遗产保护

一 深港地名的规范化建议

城市地名在一定程度上反映着城市的历史、文化底蕴，也是人类生活不可缺少的符号之一。地名问题是城市发展过程中产生的，很难在短时间内得到彻底解决。关于地名的规划和标准化，国家层面已出台多种规范性文件，如《关于更改地名的指示》《关于更改山脉、河流、湖泊、海湾、海峡、岛屿等名称报批权限的通知》《中国地名汉语拼音字母拼写法》《全国地名档案管理暂行办法》《中国地名汉语拼音字母拼写规则》《地名管理条例》等。深圳市地名规划部门也提出一个很好的有关地名规划总体原则："尊重历史、照顾现实、体现规划、科学布局、符合习惯、突出特色、体现人文、面向未来。"[2]

地名命名应当遵循"一地一名"的原则，城市地名要做到不重名，并避免出现同音、近音的地名。从深圳政府和香港政府展开的地名工作来看，香港地名的规范化程度相对较高，香港政府在1988年年初，正式设立了地名订正委员会，统筹有关工作。[3] 相比之下，深圳的地名规划工作滞后一些。

对于深圳地名的命名工作，需要尽快解决一名多地、一地多名、有地无名等问题，实现地名的规范化。同时，要尊重历史，尽最大

---

[1] 夏敏：《香港历史的地名透视》，《南京大学学报》2001年第4期。
[2] 张军：《国际化城市与深圳地名管理》，《深圳特区报》2006年1月16日第A09版。
[3] 饶玖才：《香港地名探索》，大地图书有限公司2003年版，第139页。

可能保留现有地名，维护稳定性较高的地名，并尊重当地人民群众的意愿和使用习惯。对于深圳道路的命名，要尽快确定深圳市所有现有的轨道交通线、快速路、主干路、桥梁、隧道的官方标准名称。目前，深圳已有《深圳市地名总体规划》《深圳市现状道路桥梁名称梳理规划》和《大运新城及周边区域道路规划》3 部地名规划，其关键还是要加快落实的速度，积极推进规划的实施，解决地名问题。[①] 近年来，深圳的地名规范化工作取得积极进展。仅在 2010 年，深圳全市就梳理次干路以上等级道路 604 条，其中保留名称 449 条，更改名称 113 条（其中，由于重名原因，以加前缀等方式规范专名 65 条，标准化通名处理 22 条，其他形式的更名 26 条），保留批准更改现状 5 条，更改批准保留现状 18 条，新命名 19 条；共梳理桥梁 587 座，其中保留名称 108 座，更改名称 15 座，标准化通名 130 座，新命名 334 座。

针对地名重名的问题，深圳有关部门坚持《深圳市现状道路桥梁名称梳理规划》中提出的"三个优先"，即优先保留更改成本较高的道路名称，优先保留使用时间较早的道路名称，优先保留长度较长的道路名称。深港相关管理部门应该将所有重名的地名统计出来，包括重名的有哪些地名，重名的地名主要集中在哪些区域。根据调查结果，建立地名数据库，如深圳地名数据库和查询系统、香港地名数据库和查询系统，将所有的大小地名在数据库中用 xml 技术进行标注，然后在数据库的基础上解决重名问题。例如，"求水岭"在深圳市就有四个，分别分布在宝安区、龙岗区、罗湖区、盐田区。为了解决此类问题，可以在地名前面加上区属名称，比如"宝安求水岭""龙岗求水岭""罗湖求水岭""盐田求水岭"来区别。如果在同一个区里出现相同的地名，可以将地名细化至所属街道。

针对一地多名的问题，规划部门应该尊重民意，按照大多数人的意见加以规范。一地多名主要是因为使用人群有着不同的观点或历史文化背景，但是在这些地名中，总有一个地名的使用率较高。

---

① 陈果：《深圳颁布实施地名规划》，《广东建设报》2010 年 7 月 20 日第 4 版。

所以，相关部门应该进行调查，选出当地居民认同度最高的地名，并且密切关注当地居民对于新地名的使用情况及意见，根据反映的具体情况做出适当的修改。

对于深圳一些无名街道的命名工作，有关部门要深入调查。因为目前道路无名的现象主要集中在小区道路，即通常所说的小街小巷或是小区的内部道路，这些属于城市道路体系中最低层级的道路，主要集中在居住区或工业区内。命名部门要根据当地历史文化背景或相关代表性建筑，以及当地居民的意见，对无名道路进行命名。深圳近年来无名道路的命名工作进展较快。

针对同音、近音的道路，规划部门要进行调查和对比，加以积极的引导和规范。对于同音、近音地名中较为生僻的字，要进行规范，选用其他符合规范且辨识度高的汉字进行替换，注重其实用性。对于香港地名中太生僻的字，可以用比较常见的同音字进行替换，并尽量不改变其原意。

还要避免数字地名、符号地名和缺乏特点的地名，对于这些地名，尽量要重新命名。新地名不仅要具有较强的标志性，还应该与该地周围的地理、历史和文化等相结合。例如，南山西丽的"二号路"改为"科创路"，就考虑到了周边有高职院、中兴公司研发基地等因素，很好地体现了深圳城市的科技和创新理念。

对于地名标牌和地名编号的问题，应该制定出一套全市通用的编号制度，修改名不副实的地名标牌和混乱的地名编号；对于缺失路牌或路牌损毁的街道，尽快安装新的路牌。深圳是国际化都市，地名标牌应当用中英双语；按照相关规范，英译地名的通名一般用英文，而专名要根据《汉语拼音方案》写成汉语拼音。

地名问题除了依靠政府及相关部门解决外，也要发挥市民的作用。地名的一个重要功能就是为市民服务，因此，要做好"地名信息服务工程"的建设工作，增强市民的参与意识。比如，可经常在社区开展地名文化活动，加强对深圳地名文化的传播。目前，深圳已有深圳地名网，但网站内容更新较慢且较少，相关部门要加强对该网站的管理及更新，从而使得市民可以获取最新最有效的地名信息。有关部门还可以利用当今多样化的社交工具，比如可建立"深圳地名APP",开通"深圳地名文化"微信、微博公众号,让市民反映他们对地名工作的意见,或征集对新地名的命名等,从而调动广大市民的积极性。

二 深港地名的文化遗产保护

地名是民族文化遗产,是一个地区的历史、文化、社会、经济发展的缩影。作为非物质文化遗产的地名,其更是蕴含了大量的历史、地理、民俗、物产、文化等信息。作为具有特殊历史背景的深圳和香港,同时也面临着地名文化的保护问题。

(一)消失地名的抢救

随着深圳和香港城市化建设的快速发展,一些地名也随之不用或消失。例如深圳特区,改革开放前总面积的80%以上为农村地区,但是现在大多变成城市的街区。在这个过程中,一些古聚落地名消失了。没有历史的城市是一个没有根的城市,这些老地名是深圳历史的一部分,对于这些承载历史信息的老地名的抢救和保护是非常必要的。这就需要有关部门深入查阅各种历史文献和地方史料,通过实地调查、走访居民等多种手段,搜集那些已经消失或是正在消失的地名。

国家层面已经出台《"中国地名文化遗产保护工程"实施方案》,该实施方案包括地名文化遗产的分类调查与评估、地名文化遗产的鉴定标准体系、地名文化遗产的评价与记录、地名文化遗产的研究与利用、地名文化遗产的传播艺术模式、地名文化遗产的国际学术交流与合作、地名文化遗产的管理与保护等。民政部门应当建立专门的地名文化遗产搜集和保护机制,贯彻《"中国地名文化遗产保护工程"实施方案》,组织相关专家,对深圳已经消失或正在消失的具有文化意义的老地名进行搜集、记录、整理和研究,形成相关的资料,进而保护深圳大地上的这一历史。

(二)现有地名文化的保护

有关部门要对现有的地名文化进行保护,可以走访居民,了解现存"老地名"背后的故事,继承并弘扬深港老地名中所蕴含的民族文化,由此增强市民对于城市的归属感和自豪感,从而提高城市的文化底蕴，塑造良好的城市形象。

现有地名也应尽早留存，建立现有地名的数据库和查询系统，其前提是要全面、系统地搜集、调查和整理。政府要尽快出台关于老地名保护的细则和指引。深圳在保护老地名方面已经展开了积极的工作，公布了《深圳自然村落名录》，制定了《深圳市地名总体规划》，针对老地名保护做出规划，梳理出需要重点保护的全市91处老地名，制定了保护对策，加强了对老地名的派生利用，将老地名作为道路、公共建筑等的名称，使得老地名保持了生命力。在地名文化保护方面，欧洲一些国家开展得较早，比如北欧的不少国家都将地名文化遗产列为本国文化遗产的重要组成部分，大力开展地名义化宣传、保护活动。其中，瑞典一直在进行"优秀地名保护活动"，对历史地名和古迹地名进行登记、公布、宣传和保护，积极参与全球性的地名文化遗产研究与保护活动。欧洲国家地名文化保护的经验，值得深港相关部门学习、借鉴。

对于老地名文化的保护，我们可以将新地名的命名和老地名的抢救与保护结合起来。例如，南山区的"田厦村"消失了，但是在原址建立的社区取名为"田厦·翡翠明珠"，写字楼取名为"田厦国际"；宝安松岗的"东方村"消失了，但道路名"东方大道"保护了这一村落名称。我们可以通过新建的道路名、社区名、公交站名、楼宇名等多种方式，将新地名的命名和老地名的保护相结合。这就需要相关部门深入研究该地的历史、文化、地理信息，并且征求当地居民的意见，而不是将新地名的命名做简单化的处理。

保护老地名文化，留存相关资料，非常有必要编写有关深港地名的图书。目前，深港关于地名的书籍和资料都较少。香港已经编写了《香港地名志》《香港地名词典》[1]《香港街：街道及地名录》[2]（近年来每年都有更新）等，但是书中关于地名文化的内容较少。深圳于20世纪80年代由深圳市地名办组织编撰了《深圳市地名志》[3]，但是30多年过去了，深圳的地名系统也发生了巨大变化，

---

[1] 樊桂英、牛汝辰、吴郁芳编著：《香港地名词典》，中国社会出版社1999年版。
[2] 香港特别行政区政府地政总署测绘处编制：《香港街：街道及地名录·2015》。
[3] 蔡培茂：《深圳地名志》，科学普及出版社广州分社1987年版。

且原地名志比较简单,数据陈旧,错讹较多,缺乏科学、具体的地名由来的记载,有关部门需要重新编撰新的《深圳地名志》,以适应现代地名发展和规范化的需要。

保护深港的地名文化遗产,离不开公众的参与和支持。可以通过多样化的媒体,如微信、微博公众号或自媒体等进行宣传,使得地名文化走进人们的日常生活,提高人们的地名文化保护意识,进而更好地传承和保护深港地名文化。

第六章

深港部分地名由来考略

所谓地名由来，是指地名的词语来源或命名理据。深港地名众多，这里仅选考部分典型地名，以管窥深港的历史、地理、民俗和文化变迁。关于深港地名的由来，文献记载的不太多，大多是口耳相传（当然不排除以讹传讹）。以下说明地名来源的部分内容是一些传说故事，不一定可信，也可能不具有学术的严谨性，但它们都是地名文化的一部分。[①]

第一节 深圳部分地名由来考略

一 深圳

"深圳"之名始见史籍于1410年（明朝永乐八年），源于客家移民带来的新词汇。历史上，岭南地区部分客家人从闽北、浙江南部迁入，这些地区常见的地名通名中，就有坑、潭、洋、坪、圳等。客家的方言俗称田野间的水沟为"圳"或"涌"。深圳因其水泽密布，村落边有一条深水沟而得名。深圳作为地名，最早出现在清朝康熙年间，是个小"墟"的名字，也是个哨所的名字，那时仅驻有10名士兵。"墟"本为乡村定期的贸易集市，在清康熙年间，新安县的"墟"已发展为有固定居民的城市，多在交通便利的地方。深圳墟虽然不大，但比较有名。

---

① 本章内容根据作者调查走访、查阅地方志和其他相关文献（本书"参考文献"所列）所得材料，以及经过核对的网上资料整理而成，当为作者编著。

深圳的别名"鹏城",则来自于1381年(明洪武十四年)所置的大鹏守御千户所。明初建立了"卫""所"的军事制度。"卫""所"是最基本的军事编制单位,每卫设前、后、左、中、右五个千户所。1377年,明朝政府在东莞县城南设立了南海卫,后来盗匪和倭寇横行,朝廷增设了大鹏千户所,修筑了大鹏所城。因其在历史上抗击海盗功不可没,附近的一片区域就被称为鹏城。如今深圳的别称"鹏城"被赋予了美好寓意:鹏城,取大鹏展翅,腾飞之意,希望改革开放后的深圳似展翅高飞的大鹏,搏击风云,遨游长空,勇往直前。

二 皇岗

皇岗这个地名的由来和变迁,与600年前庄姓先人开发这片土地有关。皇岗,古代称黄冈,因村后的黄土岗山而得名。后来,皇岗成为庄氏人聚居地。清代初年,庄家人发了财,修建了他们的第一座广府式围村,这就是现在的"皇岗老围"。当时皇岗离海很近,村前就是渡口,村民在围村四周挖了水沟,把海水引进来,形成"护城河",所以又叫"水围"。黄冈成名于明代以前,又别称横冈,这是因山形走向定名的。明清两代,黄冈和横冈两名通用。

皇岗名字的来历还有这样一个传说故事。黄冈村后的横冈山属凤凰山,因此黄冈又称凰冈。据说岗厦村之后山属凤形山,有凤冈之称。这样一来,凰冈就屈居第二了。经村民们一番议论,干脆就把凰字的外壳去掉,称为"皇岗",这易名约成于清代晚期。村中一古老的庄氏宗祠,其前面牌楼的对联这样写道:"皇岗舒锦绣,天水涌文澜。"

三 福田

福田的名称来源于"福田村",据说跟沙头的黄氏有关。南宋光崇年间(1192年),上沙村的始祖黄金堂的第四子黄西孙,迁到松子岭的南沿定居,带领儿孙开荒造田,因造的田一块块像格子一样,就取名为"格田",后看到田里的庄稼颜色碧绿,好似幅幅图画,心里非常高兴,又将"格田"更名为"幅田"。因"幅田"中的"幅"与"福"同音,再改名为"福田",有"得福于田"之意。"福田"的另一种说法,据说源自宋朝的"湖山拥福,田地生辉"题词。

福田区位于深圳中部,是深圳市中心城区,市委市政府所在地,南临深圳河、深圳湾,与香港新界的米埔、元朗隔河相望。

四 车公庙

目前在深圳该庙无存,只有"车公庙"之地名,位于福田中心区的繁华区域;香港则现存有沙田车公庙、元朗横洲二圣宫车公庙和西贡蚝涌车公古庙三处。

历史上的车公庙,是深港两地香火最旺盛的庙宇之一。关于车公庙的来历有两种说法,但都与车大元帅有关。车公即南宋末年的一员猛将,因平定江南之乱有功而封大元帅。第一种说法是当地村民为了其护驾南下有功,感其忠诚,念其英勇,而立庙供奉。第二种说法是明朝末年,广东一带流行瘟疫,车公在梦中向村民们传授治病方法,协助他们渡过难关,令瘟疫尽除。村民为了感激车公,便为他建庙供奉。

五 南山

大小南山的得名,一说是指南头城南面的山,还有一种说法是指陆地上最南面的山。

在广州东部一带,历史上曾经有过多处民村也叫南山,后来逐渐淘汰,只有深圳南山得以保留。南山这一名称早在宋代之前就已经存在,历史上,南山村名变更过多次。以前,因南山村民大多姓陈,曾叫"陈屋村",后来,因村址位于大南山麓北侧,又得名"南山村"。

南山区位于深圳市西部,南临蛇口港与香港元朗相望。南山区自东晋咸和六年(331年)在南头古城一带设立东官郡以来,至20世纪50年代,长期作为历代郡治或县治所在地,被誉为"深港历史之根"。区内主要名胜古迹有南头古城、天后宫、信国公文天祥祠、育婴堂、宋少帝陵、解放内伶仃岛纪念碑、赤湾左炮台等。

六 罗湖

罗湖的名称来源于清代康熙年间就已存在的罗湖村。"罗"字源于古越语，是古壮侗语对山的称呼。带有"罗"字的山名是古代百越族人的遗留，"罗"就来自周围湖塘众多的那座山的名字。"罗湖山"在深圳经济特区成立之初即被夷平。

罗湖区位于深圳市东部，是深圳市最早的中心城区，南临罗湖桥与香港毗邻。

七 盐田

盐田的名称来源于"盐田村"和"盐田墟"。盐田村、盐田墟的最早历史记录，出现在清康熙《新安县志》，因在海边造田晒盐得名。清朝时期，在现在盐田港东北角的海滩上，出现了一个交易墟市，许多人不走山路，而是从海路划船、乘船而来，这就是盐田墟。后来，墟市越来越大，赶墟的人也在墟市边搭棚逗留，露天的墟市逐渐演变成盐田村。

深圳历史上形成的与盐业生产有关的地名不少，除盐田村、盐田墟外，还有盐灶村（现在大亚湾核电站北侧）、盐寮下村、盐下灶村等。盐田村位于梧桐山下，清代初年还在此设有盐田汛，"汛"是明清时期基层军事机构的名称。

盐田区位于广东省深圳市东部，南连香港新界，有四大国际深水中转港之一——盐田港和一街两制的中英街。盐田文化集客家文化、生态文化、海洋文化、音乐文化和历史文化于一体。

八 东门

所谓"东门"，指的是原深圳墟四个门之一的"东门"，位于东门中路与解放路交界。南门位于人民北路与南塘街交接处，西门位于新园路与解放路交界，深圳戏院、新安酒家、中国第一家麦当劳连锁店均位于此处。经过多年风雨沧桑，到了民国时期，只有东大门得以残存。新中国成立前后，残存的东门也毁于一旦，而"东门"这一叫法还是流传了下来。东门老街成墟于清康熙年间，有

300多年的建墟历史，是深圳最传统、最具人气的商业旺地之一。1688年的清康熙《新安县志》中，可以见到对"深圳墟"的最早历史记载，它一直是方圆数十里内名声显赫的重要商业墟市。"东门老街"并不是一条街，它包含深南东路以北、立新路以南、新园路以东、东门中路以西的17.6万平方米范围内17条街道和所有商业设施。

改造后的东门步行街于1999年10月1日正式启用，占地面积17.6万平方米，包括8条市政道路、1条风貌街和3个大型的休闲广场，成为保留了传统韵味的现代化商业步行街区。东门购物环境一流，众多著名商家在此比肩林立，各种档次的商品一应俱全。改造后的东门具有鲜明的岭南特色，富有历史沧桑感的女儿墙、阳台、老炮楼，沐浴了百年风尘的青砖、土瓦盖起的老式骑楼建筑，都格外引人注目。

长期的商业氛围和商业环境，使各种商品交易、商业活动都有了自己固定的场所和地点，久而久之，这些固定场所和地点的街巷，就有了固定的名称：今天的解放路，以前叫"谷行街"，是一条专卖农产品的街巷；"鸭仔街"，从上大街到南庆路，220米长，2米宽，是构成深圳墟的重要街道；还有"民缝街""晒布路"等。现在，老街广场青铜浮雕《老东门墟市图》，生动地再现了300多年前清代老街的风貌。

九　龙岗

有一个关于"龙岗"得名的传说。相传古代有一头神龙从梧桐山腾起，飞向今龙岗锅笃津浸浴，旋即起飞，降落于一小山冈上（今龙岗墟大王坛古榕树下），化作青烟升天。山下村民筑祭坛，植榕树，建起村落，起名为龙岗。清同治九年（1870年）龙岗开始有明确的建制——龙岗约堡，归善县城南110里。龙岗约堡下辖八个村：荷坳、龙岗、坪山、坪地、橡洞、土湖、亲睦和塘尾。

如今龙岗区（含大鹏新区），是深圳市面积最大的市辖区，位于深圳市东部，东临大亚湾，南连罗湖、盐田区，西接龙华区，北靠惠州市、东莞市，地势属低山丘陵滨海区。龙岗区是深圳客家人的主要聚居区之一，有 300 多处客家围屋和客家村落，客家文化浓郁。

十　新安

唐代改宝安县名为东莞以后，县治所自南头徙至东莞，南头沿海一带成为偏僻之地。明朝时倭寇肆虐，海盗横行，南头诸沿海深受其害，百姓不得安宁。明朝隆庆六年，广东海道副使刘稳巡行边海至南头，乡民"号吁伏地，请建县治，以图保障"。刘稳顺从民意，遂行文呈总督两广军务兼巡抚、广东兵部右佥都御史殷正茂，经殷总督批准转奏朝廷。不久，朝廷谕准设县，赐名"新安"，取其"革故鼎新，去危为安"之义。明万历元年（1573 年），南头正式挂牌新安县治。民国三年，复称宝安。"新安"曾为深圳市宝安区镇名，现为街道名。

十一　宝安

宝安县取名"宝安"，据说是由于今属东莞市的宝山，古时产银，银在当时来说是十分珍贵的，所以"言宝，得宝者安，凡以康民也"。还有一种说法是，"邑地枕山面海，周围二百里，奇形胜迹不一而足，而山辉泽美，珍宝之气萃焉，故旧郡名以'宝安'而名"。

宝安区位于深圳市西部，西临珠江口，东临伶仃洋与香港相望。区内文物古迹众多，广府文化、南粤文化、客家文化、工业文化、移民文化、海洋文化等多元文化并存。

十二　凤凰山

凤凰山，双峰插霄，形如凤阁。据清嘉庆《新安县志》载："中有神茶一株，能消食褪暑，但不可多得。士人于清明日上山采之，名曰凤凰茶。顶有小石，祈雨多应。"因相传有凤凰栖居于此而得名。据清康熙《新安县志》记载："凤凰岩，在茅山之北，巨石嵯峨；广数丈，洞澈若堂室，相传有凤凰栖于内，故得名。"凤凰山上有座凤岩古庙，一说是因道士蔡若虚于此潜修得道，世人建庙塑其像供奉于山中；二说是为纪念文天祥的侄孙文应麟而建。南宋末年，文应麟为躲避元军，携二子历经艰难，几经辗转，来到凤凰山下的岭下村，见到这儿人烟稀少、风景秀丽，便在此隐居下来。当时正值荒年，人民生活困苦，文应麟便在山顶建一小楼，夕阳斜下，凭楼远眺，见家无炊烟者，便送粮赈济。百姓感激其恩德，便建庙纪念文应麟。

十三 大髻婆山

大髻婆山位于宝安区公明境内，北靠玉律村，南濒石岩湖，因其山顶有一圆形大石，形似妇女的发髻而得名。关于大髻婆山，民间还流传着一个动人的爱情故事。相传古时候在玉律村住着一对恩爱夫妻，丈夫名为阿山，妻子名为思君。岂料好景不长，新婚后不久，阿山被一伙人拉去充军。思君悲痛欲绝，日日爬上山头眺望，却始终不见阿山归。为寄托思念之情，每过一年，思君便在发髻上插上一枚铜簪，一共插上44枚。这年已是61岁，终因思念情切，悲痛长眠于山上。乡人哀而敬之，便将这座山取名为大髻婆山。

十四 石岩

位于羊台山脚下的石岩镇，在清嘉庆年间已开始建墟。石岩原叫乌石岩，内有石岩三面，东缺一面；顶上有大石，堪坐墙；乡民祝曰："惟愿此石，可补四面，周围无缺矣。"

石岩的名称来历，与一个古寺有关。据曾观来先生介绍，石岩原叫"乌石岩"，这里有个天然的大石洞，供奉观音，洞中央有一大石座，供奉的人燃放鞭炮，投掷在石座上，见石座呈现褐黑色，就说是显灵，于是将大石洞称为"乌石岩庙"。后有人在此修建庙宇，名为"慈石古寺"，有石级通到大门，牌楼上书"乌石岩"。"乌石岩墟"因而得名，后来改为石岩。抗战时，"石岩慈石古寺"是抗日游击队的联络点。

十五 应人石村

位于石岩的应人石村，其村名也跟石头有关。这块石头"形似仙姑",呈朱红色,又叫"仙姑化石"。《新安县志》有这样的记载:"仙姑化石,在羊台山,石面四时红艳又名应人石。"有关"应人石"也有一段凄美的爱情传说。相传在羊台山脚下住着一对恩爱夫妻,男的叫张善和,女的叫张勤。当地的一个财主觊觎张勤的美色,逼张善和去常有毒蛇猛兽出没的荒山野岭寻找长生不老之药。为了家庭的安宁,张善和只好前往,而其妻子也按照与丈夫的约定每天下午在山下呼喊丈夫的名字三遍,但除了几声若有若无的回响外,并不见丈夫归来。有一天,张勤终于耐不住相思的痛苦,上山寻找丈夫,却发现一直回应她的不过是一块大石头。张勤伤心欲绝,哭天抢地,最后感应上天,也成为一块大石头,与夫石遥相对望。当地人为纪念这段刻骨铭心的爱情故事,将山下的村庄取名为"应人石村"。

十六 七娘山

七娘山是深圳的第二高山,七座山峰错落有致,山势险峻雄伟。奇峰异石和丰富的野生动物资源交相辉映,是市民们休闲探险的好去处。这样一个风景秀丽的好去处,她的名字也充满神话色彩。相传,有七位仙女云游至此,沉醉于美景之中,不肯归于天庭。玉帝闻知,急召雷神追击,仙女们誓死不从。玉帝大怒,遂将她们变作七座山峰,七娘山因此得名。

第二种来源则归于现实,七娘山为出粮山,因山上薯粮、木薯、芋头、山药等作物应有尽有,质量好,数量多。特别是大石岩(原旧大石理)一带,盛产山姜,以其辛辣久负盛名。凡上山采撷粮食之人,定当满载而归,故名出粮山。此外,坊间盛传七娘山内藏有大量财宝。相传明初,皇帝以为朝中大臣李万荣心贪,其心难测,即令追捕。李得知便逃至七娘山,利用七娘山易守难攻的险峻地势,积粮屯兵,驻山成盗,十步一楼,五步一岗,戒备森严。当地府军闻知,下令追查,派重兵围攻七娘山,李抵挡不及,遂令手下把抢来的大笔金银埋藏起来,所藏金银数为:"行行十三塔,塔塔十三行,均在旗影下。"难解其数为几,难译其地何在。现存石碑,今人读不出其字。据当地老人说,能译其字,即可找到金银。

十七　观澜

观澜原来叫"官难"。在建立观澜墟之前，附近的居民赶集都到附近的清湖墟，非常不方便。后来，东莞知县派人勘定了观澜墟的地址，但观澜墟刚好坐落于新安、东莞两县之间，而新安、东莞各自都在墟内设置了地方治所，当官的互相牵制，一地两管，官官相卫。所以，老百姓都叫此墟"官难"，当作一种为官不公而民众受难于官府的讽喻。后来，一位很有名气的风水先生叫邓坤，云游到这里的河东岸，看着波澜壮阔、绿水盈盈的河水，大赞好风水，从此留恋此地，每天清早坐在河边"观望波澜"，并在这里建了观音庙，取名"观澜"。于是，"官难"墟也就改名为"观澜"。

十八　沙头角

位于深港边境的沙头角，背靠梧桐山，前临大鹏湾，依山傍海。"角"指的是突入海中的一块尖型陆地，而沙头角就是位于盐田区与香港北区之间的一个尖角。有关沙头角的地名，最早的文字记载见于清同治癸亥二年（1863年）修订的沙栏吓《吴氏族谱》："我府原居潮州府大埔县。因贼寇四起，世居不振，故携眷择地安邑而居，卜于本处大坦洞沙头角乡居住。至康熙年间迄今百余载。""沙头角"这个地名来源于一个诗情画意的传说。相传在清朝，一位大臣游玩于此时，感于其优美的景色，壮阔的海洋，随口吟诵出"日出沙头，月悬海角"的优美诗句，"沙头角"一名因此而来。还有一种说法则比较血腥。"沙头"其实是"杀头"的谐音，沙头角是个杀人场，清朝时，抓到的海盗就是在这里被砍头的。后人为了吉利，便改"杀头"为"沙头"。

其实，沙头角的地名更应该是对当地地形、地貌的形象描述。据沙栏吓村老人口述，沙头角指的是当地的地理面貌。如果站在高山鸟瞰，海边东南至西南呈条状的"沙栏"，是"沙之头"，而"沙栏"与八仙岭之间的海湾所形成的夹角就是"海之角"，"沙头角"因此而得名。

十九　牛始埔

现位于平湖的牛始埔，其名来源有几种说法。第一种是，传说所处坡地上有天然大池，池水深不可测。池底有巨鳌，为镇村之灵物。"埔"在古汉语中指"埠"，一般用作地名，有码头、山头的潜在含义。"鳌"又有"考取功名，独占鳌头"之说，先祖为激励后人奋发向上、功成名就，遂取名"鳌池埔"。在当地，又分本地话与客家话两种方言，其中说本地话者居多。所谓"本地话"，是指杂糅了大量广府白话的方言特征，又保持了小部分客家方言的一种地方性语言。在本地话中，"鳌池埔"三字与"牛始埔"谐音，更重要的是，"鳌"字笔画太多，难写，久而久之，谐音开始取代名字的正式地位，"牛始埔"由此而来。第二种说法是，这里的旧址原来是一片大草地，所有的牛都来这里吃草，"牛食埔"因此应运而生。随着历史演变，从"食"变"始"，有"开始"之意。还有一说，牛始埔原名叫"牛屎埔"，避讳屎字而求雅，改成"牛始埔"。

二十　八卦岭

关于八卦岭的由来，史料文献上没有记载。对于它的由来，存在以下两种说法。第一种略带有传说性质，据民间流传，八卦岭在开发以前曾是一个个荒丘，由于进来的人常迷路，而得名八卦岭。第二种说法是目前的主流，也更具权威性。据历史记载，笋岗的北面有个牌榜山，八卦岭就在牌榜山的山脚下。八卦的名字，很有可能就源于这座牌榜山。因为八卦与牌榜，按照古汉语的发音规则，是同字母（即同声母）、同音。因此，八卦很有可能是牌榜的音讹，通过误传而得的地名。

二十一　王母围

从王母围这个名字看就非常具有神话气息。相传王母娘娘曾在此梳妆，在返回天上时遗留下来的一面梳妆镜，便成了今日的王母塘。而洞前的一块高数丈的大石，则为王母的梳妆台。但这只是王母围名字来源的美好传说罢了。现在较为权威而又被更多人认可的说法，与一位叫作杨淑的太后有关。据载，1276年南宋王朝都城被元军攻陷，皇太后杨淑带领小皇帝沿海一路西逃至今日的王母辖区，终于摆脱了逃兵，并在此落脚建围。虽然后来皇帝母子继续前行，只有受伤的官兵、年迈的老人以及宫女等人留了下来，但是为了纪念皇太后，他们将这里取名为王母围。因皇太后和皇帝曾在此居住过，这也就很好地解释了为什么偌大的能容纳几千人的围屋只有一个门。一个门更方便集中管理，安全性更高。

二十二　坑梓

坑梓有一著名的黄氏围屋群，分布于坑梓街道的东部和西部。黄氏一世祖于明清之际，由梅县迁居坪山江边村；二世祖于清康熙三十年，携三子迁居到坑梓老坑的祠堂街；三世祖仍住老坑祠堂街，育有九子，后分居草堆岭、对门岭等地。"坑梓"得名与老坑有关。老坑因三面环山，居民住在中间的一个大坑上而得名。相传，坑梓镇城内以及沙梨园一带的村民，就是从老坑村的老祠堂分出来的，所以史称"坑子"，意即"老坑村的子孙"，又因"子"与"梓"同音，后人遂改"坑子"为"坑梓"，意寓"老坑"是故里。

二十三　南头村

南头村又称"南头城村""九街村"。"九街"在南头旧城内，原名叫"莲子城"，因南山、赤湾山从海面而起，似莲头，而南山村、南园、北头、大新、涌下、关口、一甲从南山向北一线延伸似莲柄，九街东西北有几个小山村衬托着似莲花瓣，它本身在一个圆形的小山上恰似一颗莲子，故名莲子城。后因金鸡涌、大板桥的开凿，把莲柄横断几截，于清康熙年间改名"九街"，因有九条街而得名。

二十四　马峦山

马峦山中的"马峦"，得名于山峰的形状，山峦起伏如万马奔腾，但这个名字也是经过了历史的流变才最终被确定。最初，当地的村民因其山峦重叠，羊肠小道曲折蜿蜒，便起了一个通俗而贴切的名字"马拦头"，还真有一种"难于上青天"之感。这个名字一直沿用到新中国成立初期，因嫌不雅，更名为"马兰"。再后来，由于其寓意不符合人们对新生活的期待，更名为"马峦山"，并沿用至今。

二十五　官田村

相传在1276年忽必烈起兵攻打南宋，幼主赵昰、赵昺及皇室等从福州、温州、陆丰、惠州一路南逃，两年后逃至羊台山。他们见此风景秀丽，山峦重叠，便在此安营扎寨，休养生息。于是，在现石岩的官田一带，便成了皇家耕作用地，"官田"此名因此流传下来。此外，关于"官田"的来历还有另外一种说法。据历史记载，在宋朝曾有五位官员到此，而"官田"也因这五位官员而定名。

二十六　坪山

坪山原来叫"东头岭山"，至少在南宋时期，已经有大批汉人从中原南迁而来，在这一带生息繁衍，自清康熙二十三年（1684年）至乾隆四十五年（1780年），曾、张、黄、戴四姓的客家人，先后从兴宁、韶关、福建等地迁居龙岗"东头岭山"周围，即今日坪山大万世居、六联村一带。当地地势较为平坦，仅东南部有一个较高的田头山，其余均为山丘，较为低矮，故起名"坪山"。

二十七　向南村

建于明朝初年的向南村，至今已有400多年的历史。据说在向南村的东边墩头村，有一教书先生，每日工作后行至向南村附近，感觉丝丝南风清爽，将身心的疲惫统统拂去，便觉此处风水甚好。在取得墩头村村长同意后，教书先生便在此处修建房屋，繁衍后代，所有的房屋都坐北向南而建，向南村由此而来。

二十八　恩上村

恩上村现位于梧桐山南麓300米的山坳里，是深圳海拔最高的客家古村落。这个古村落的原住民为客家人,祖上从河南周口地区移民到福建,再从福建移民广东梅州五华县,最后在清乾隆年间从五华迁徙到此定居,已有200多年的历史。恩上村原名"庵上村",来源于村子下的一座观音庵。后来,村子里中了一位秀才,皇帝恩赐给他一块牌匾。当地村民为了感谢皇恩,便将村子改名为"恩上村",体现了当时的社会大环境。

二十九　笋岗

今日笋岗牌楼上的藏字对联:"笋得甘露绿竹成林年年旺,岗映朝晖青山叠翠代代春。"可知这里土地肥沃,盛产竹笋。据《深圳地名志》载,这里曾是一大片竹林,长满了又大又肥嫩的竹笋。相传东莞伯何真,在首次组建义军抗明之时大败,军队溃逃至现笋岗一带进行修整。何真见此竹笋遍地,绿竹成林,便在此建村,取名"笋岗",希望自己的后代能如这遍地长势喜人的竹笋,越来越多,茁壮成长。

三十　布吉

布吉得名,与俗称"布隔"有关。300多年以前,在现在的铁路西侧,有一个莆隔村,因为客家话中"莆"与"布"发音相近,到了清朝中期,逐渐被称为"布隔"村。清咸丰二年(1852年),在村的南面建起了丰和墟。1911年,广九铁路通车,设了一个"布吉站","布隔"遂就被称为"布吉"。现在,深圳本地的一些老人还称"布吉"为"布隔"。

三十一　蛇口

蛇口这一名字来源于它的地形特征,南高宽北低窄,形似出洞的蛇头,东侧山嘴,像张开的蛇口。虽说现在对"蛇口"的出处并无争议,但在其背后还有一个美丽的传说。相传在远古时期,最初天上有九个太阳。持续的高温让人们的身体无法适应,无法进行正常的工作和生活。另外,猛烈的太阳光炙烤着大地,没有作物能够存活,弄得民不聊生。这时民族英雄后羿出现了,他一举射下了天空中的八个太阳，在准备射最后一个时，转念一想，如果没有光，民众的生活又会陷入另外一种困境。于是，这发箭偏离了原来的轨道，不料射中了一条行善万年的九头巨蛇。蛇落南海，九头不死，化作九曲美丽的港湾。这就是蛇口的传说由来。

三十二　上步村

关于"上步"之名的来源，有多种说法。清《永乐大典》载："水谓之步，当是水津。"柳宗元《铁炉步志》曰："江之浒凡舟可系而上下者曰步。"这片区域为深圳河的埠头，而"埠"与"步"同音，在流传过程中就变成了"上步"。还有一说：因上步村位于深圳河西边五百米处，故名"上步"。又有另外一个版本广为流传。传说上步郑氏祖先迁居于此时，曾找风水先生来确定建村的最佳位置。看过山下一块风水尚可的地方后，郑氏祖先嫌地势仍稍显低洼，便想再往上走一步看看，但又不知道好不好。风水先生看过之后，连说向上一步风水更好。风水先生的这句话，也成了"上步"名字的由来之一。

三十三　君子布村

单见其名，已能体现出一种浓厚的儒雅氛围，而其名也来源于一个与秀才有关的传说。很久以前，有位饱读诗书的秀才在上京赶考过程中，骑马路过此村。欲入之时，见此地霞光万道，宛如上天垂彩布，吉祥无比，马上下马伏地三拜，由衷而叹："此间必有君子也。"秀才为这祥瑞之兆步行进村，以表谦恭。乡民们见秀才举止儒雅，风度翩翩，都极有礼貌地为他让路。后来，当地村民借用这诗情画意的传说，一语双关地把这里美称为"君子步村"。既指君子路过此地，下马步行之意，又称赞此地居民善良厚道，懂礼貌，有君子之风。在历史演变中，"君子步"逐渐谐音成"君子布"，成为今日的地名。

三十四　葵涌

葵涌地处大鹏半岛南缘，丘陵起伏，河涌交织。清康熙《新安县志》载：此地盛长水葵（莼菜）。前有妇人潘麦氏携二子，避荒流离过此。一子中暑身疾，采莼服食，暑解、病除，大喜，遂定居。"葵涌"村、墟以此先后得名。今有文载，莼菜是一种食用、药用价值极高的水生植物。

三十五　大鹏

大鹏地成半岛，包括今之南澳、大鹏、葵涌三镇。前人根据庄子《逍遥游》"北冥有鱼，其名为鲲……化而为鸟，其名为鹏……鹏之徙于南冥"，"水击三千里，抟扶摇而上者九万里"之说化为美传，半岛及其两海湾形如鲲鹏展翅——大鹏湾、大亚湾为其两翼，半岛为其身躯，因得名。《新安县志》载："大鹏山，一名七娘山，昔传有七仙女游此，以其如鹏踞海，故名。"镇府驻地王母墟始建于清嘉庆年间。相传宋末皇太后携二帝避难过此，后人建村、建墟均以"王母"为名纪念之。深圳成市后，人们为事为物惯以"鹏"冠之，以示其"扶摇直上，前途无量"之意。

三十六　公明

1929年，公明墟建立，这个相对年轻的墟市，是宗族纠纷的结果。明朝天顺年间，在现在将石村的附近就有了周家村墟；到清嘉庆年间，出现了白龙岗墟，也就是今天的薯田埔村的前身，还有永长墟（在今松岗罗田）；清光绪年间，原来的白龙岗墟附近，又出现了丰和墟。其中，以丰和墟最为兴旺。后来，因为宗族之间发生纠纷，在楼村武举人陈海神、合水口村麦晓孙的倡议下，于1929年在合水口与上村的交界处，按照香港元朗墟的模式，建公平墟，取意"买卖公平"，又叫义和圩（即移和圩）。1931年改名公明墟，取"公道光明"的含义。

三十七　蔡屋围

蔡屋围实际上就是蔡家围屋的意思。蔡屋围最早的名字叫作"赤坎"。明朝时期，官府在深圳周边实行屯田制，在深圳设立了很多屯，而赤坎（即蔡屋围）的名字也变成了"月岗屯"。当时，这里居住的主要是陈姓家族。洪武元年，蔡家三兄弟到东莞松岗沙浦村定居。之后，其中的一个兄弟又从松岗地区来到月岗屯打工，为陈姓家族赶鸭谋生。再后来，这位蔡姓小伙被陈姓家族招为女婿。到了明清之际，"陈"姓慢慢没有了，变成由"蔡"姓家族占主导。蔡氏发家致富后，就在此地建起了围屋，依时间不同就有老围和新围两座。"蔡屋围"的名字由此而生。这两座围屋都分别于20世纪70年代和90年代被推掉了。

三十八 平湖

平湖始建于明代嘉靖元年（1522年），已经有480多年的历史了。早期的平湖包括三个村——伍屋围村、大围村、松柏围村，巧的是，这三个村的形状都极像动物：伍屋围村的地形，非常像一只螃蟹，大围村极像一只蚌，而松柏围村像一只虾。村民们认为，螃蟹、蚌、虾都是水生动物，必须有湖泊才能成活，而当时这一带的地势较为平坦，一无江河，二无湖泊，水资源较为贫乏。出于对水的渴望，人们就将此地称为"平湖"。

三十九 福永

福永之名由来已久，据传这里地接海滩，只有一条街，后由于海泥淤积，沿海滩涂伸展为陆地。靠近海边处加建了上、下街，商业活动逐渐移来，旧街则成了居民区。肥沃的土地，丰富的物产，吸引了东莞、番禺、中山、顺德等地移民集居，日渐成墟，取名"福永"，表达"永远幸福"的吉祥寓意。明朝天顺年间《东莞县志》记载，公元1575年，明政府在福永村南面，设立了"福永巡检司"——主管社会治安的基层政府机构，这是关于"福永"的最早文字记载。

四十 沙井

沙井曾称龙津。沙井兴起与陈氏家族有关。北宋末年，为避乱，陈氏经福建侯官迁入广东南雄珠玑巷，南宋中期，陈朝举迁入归德盐场（现在的沙井、松岗等一带）涌口里。陈朝举可能是个级别不太高的盐官,当时古深圳地区的盐业已经非常发达。归德盐场的附近,有一个叫云林的地方,已经比较繁荣,陈氏就在云林的附近定居生活,这里入海河道多沙,掘井时沙很多,就取地名为沙井。

四十一 西乡

明朝东莞所城(今南头城)建成之后,西乡就逐渐形成。原住民多姓陈,系南山陈氏分支,分居到此,因村子位于南头城西面,就以南头城为坐标,命名西乡。

现在,西乡陈氏后人已不多。据嘉庆《新安县志》记载,明末进士张家玉带领反清复明的队伍,从广州、东莞撤退到西乡,与乡绅陈文豹会合。寡不敌众,被清军镇压,陈文豹死在战役中,家族被满门抄斩,陈姓族人陆续他迁。

西乡有一条巡抚街,因巡抚庙得名,联系着深圳古代史上最大的一次移民潮。容达贤先生介绍,清初朝廷将东南沿海居民内迁50里,新安县并入东莞县,原广东巡抚王来任冒死上书,力陈迁界之害。康熙八年,朝廷下令复界,恢复新安县,并以优惠的招垦政策,吸引大批客家人迁入,推动了深圳东部地区经济、文化迅速恢复和发展。复界后,新安县百姓在西乡修建了"巡抚庙",即今天的"王大中丞祠",又命名巡抚街,以纪念为民请命的王来任。

西乡是农副产品的集散地,布匹、棉纱、火水(煤油)的中转站,有一条兴隆街,1950年改名为真理正街,后街则被改名为真理后街,均沿用至今。常盛街则从旧的兴隆街至河西街,取的是"经常繁荣昌盛"之意。

因西乡河从境内流过,河东路、河西路就因地理位置得名,原名分别为坑边、坑砂。

四十二 松岗

宝安区的松岗依山傍水,早在宋代咸淳六年(1270年),这里就开始建立墟市。松岗最早被称为黄松岗,因墟场建在一个黄姓村落旁,村附近有一个长满松林的山冈,所以墟场就被叫成"黄松岗",1950年改称松岗。

南宋末年，文天祥之弟在惠州做知府，南宋军彻底失败后，他带领文氏族人和 16 名家丁，逃到黄松岗的鹤仔园（现在的根竹园，在公明镇境内）。其后人后来又迁到福永岭下村。镇内世居者，以文氏为多。

四十三　中英街

今日深港边界的中英街是英国逐步占领香港地区，特别是租借新界的历史产物。一条长不足 0.5 公里、宽不足 7 米的街道，却承载着我国两段暗淡的历史。中英街最初由梧桐山流向大鹏湾的小河河床淤积而成，原名"鹭鸶径"。1899 年 3 月 16 日，中英双方的定界委员到沙头角勘界，沿着梧桐山下的小河（沙头角河）竖立木质界桩，界桩上书"大清国新安县界"（后来改为石碑）。18 日勘界结束，沙头角被分为华界沙头角、英界沙头角。其间，有 8 块界碑是竖立在已经干涸的河床底的中线上，逐渐地，河道两旁的乡民在干涸的河床上填土整地，建起房舍，用来居住、做生意，形成中英地界上一条特殊的街区。它就是今天"中英街"的位置所在，也为今天中英街特色观光街的雏形。

"中英街"还有一个名字叫"中兴街"，这又联系着另一段中华民族屈辱的历史。1941 年 12 月，日本侵略军占领香港后，把"中英街"改名为"中兴街"，直到 1945 年日本投降，又复名"中英街"。"中英街"一侧属于深圳，另一侧属于香港，由于其在历史上的特殊性，在政策上也稍显特殊，将"一国两制"的政策移用至此，成为"一街两制"的典范。

四十四　大鹏所城

深圳又名"鹏城"，得名于深圳市东部龙岗大鹏湾畔的大鹏古城。古城位于龙岗区大鹏街道的鹏城村，占地 11 万余平方米，始建于明洪武二十七年（1394 年），是明代为了抗击倭寇而设立的"大鹏千御守户城"，简称"大鹏所城"。大鹏所城是明清两代中国南部的海防军事要塞，有着 600 多年抵御外侮的历史，由雄伟的古城门、古色古香的民居、街道，气势宏伟的将军府第等建筑构成，对于研究中国古代建筑、城镇规划建设、明清民俗文化以及岭南地区古建筑具有重要价值。

清康熙《新安县志》载:"大鹏所城在县东一百二十里大鹏岭之麓,由新安城至大鹏所城,路径多系高山海港,旧有乌石渡。从乌石海边至下沙,道里二日可通。……本城与东莞所城同年奏设,广州左卫千户张斌开筑,内外砌以砖石,沿海所城,大鹏为最,周围三百二十五丈六尺,高一丈八尺,面广六尺,址广一丈四尺,门楼四,敌楼如之,警铺一十六,雉堞六百五十四,东西南三面环水,濠周回三百九十八丈,阔一丈五尺,深一丈。"由以上可见,优越的军事地理位置和条件是大鹏所城选址建设的基础。

大鹏所城是中国历史文化名村和第五批全国重点文物保护单位,又是深圳八大景点和爱国主义教育基地之一。改革开放后的深圳,无论是经济发展还是城市建设,都取得了举世瞩目的成就,人们又将深圳称为"鹏城",寓意深圳似展翅高飞的大鹏,搏击风云,遨游长空,勇往直前。

四十五　沙头

福田区的下沙、上沙、沙嘴、沙尾,从西向东,沿着深圳湾顺次排开。这一带曾经统称为"沙头"。这些地名含"沙",与地理特征有关:由于这里近海,是珠江水系的入海口,水流把这里冲积成一个很大的沙滩地,这些村子都建在这片沙地上,所以都围绕"沙"来取名。

四十六　白石洲

白石洲原是深圳的一个聚落,村民主要靠出海打鱼、养蚝、种地为生。因村子建在海湾沙洲上,村后的小山顶上立着一块大白石,得名"白石洲"。小山上悬立的那块大白石,是粗粒的花岗岩,它同时让小山北面另一个村子得名"下白石"。在下白石村的北面所形成的村子,人们就以"上白石"命名。上下白石之间,又形成一个"白石村"。

四十七　莲花山

位于福田区的莲花山曾分属三个村，也有三个不同的名称。从山顶以南属岗厦，岗厦村民称莲花山为大王岭，山的北坡分属上、下梅林，上梅林称为莲花梁，而下梅林村民习惯称为九江坳。莲花山是一个重要的制高点，抗日战争时期，日军占领深圳后，曾在莲花山上建了一个炮台，攻击东江抗日游击纵队。新中国成立后，为了保卫边防，1952年，解放军工程兵也在莲花山上修筑了军事设施，并在三个村的三个不同名称中，选取了既通俗又好听的一个，略加改动，在地图上正式标上了"莲花山"这个名称。

四十八　龙华

龙华一名源自清同治年间（1862—1874年），梅县、东莞等地客家移民迁徙于兹，成立龙胜堂，并发起建圩，逐渐繁华，故名。民国时始设乡，1961年7月设龙华公社，1983年7月改称龙华区，1986年10月撤区设镇，1993年1月隶属宝安区。2017年1月7日，龙华区正式挂牌成立行政区，辖区总面积175.6平方公里，下辖观湖、民治、龙华、大浪、福城、观澜6个街道，50个社区工作站和108个社区居民委员会。

第二节　香港部分地名由来考略

一　香港

早在新石器时代，在香港的这一片区域里，早已有了人类活动的痕迹。在与英国政府签订租借条约之前，香港一直是一个下属辖区，是一个稍显荒凉的渔村。那么，这个在历史上有着重大转变的地区是如何命名的呢？

"香港"之名，最早出现在明代中叶《粤大记》卷二十三"广东沿海图"的图21及图22，它记载了香港岛上的七个地方。当时的香港一名，是指现在的香港仔，不是指香港全岛。清代史书对香港的记载更加具体，如 1731 年（清雍正九年）编修的《广东通志》、清人王崇熙的《新安县志》，都有关于香港的记载。关于"香港"的由来，有三种传说。

一说来自"香江"。据说，早年岛上有一溪水自山间流出入海，水质甘香清甜，为附近居民与过往船只供应淡水，故称为"香江"。由香江出海的港口也就称为"香港"。香江故址在今薄扶林附近，早已不存，但"香江"却成了香港的别名。另一说香港名称来自"香姑"。石香姑是传说中盘踞在香港岛的女海盗，军事实力强大，不仅在香港有基地，有营盘，还有造船厂，势力范围从珠江口直达琼州海峡，装备都是最新式的洋枪洋炮，于是后来该岛被称为香姑岛，简称香岛，再演变成香港。还有一说香港之名源于"红香炉"。传说很久以前，从海上飘来一个红香炉，泊于天后庙前，居民以为天后显圣，便把红香炉供在庙中。岛上有个山也称为红香炉山。为了纪念天后显灵，后来把这地方叫作"红香炉港"，简称"香港"。

不过，目前最可信的一种说法与上面的三个传说无关，是说香港得名与香树、香市有关。香树生长于广东沿海及越南北部，以东莞、新安等县为多，香港沙田及大屿山亦有种植。香树长高至 20 尺时割出树液，就可制成"香"，是多种香制品的原料，可做供神和上贡的佳品。"莞香"闻名全国，明神宗万历元年以前，香港一带均属东莞县。沙田、大埔一带是"莞香"的著名产地。因盛产香，这里的香市贸易十分发达。香产品多数先运送到九龙的尖沙咀，再用"大眼鸡"船运至石排湾（即今日的香港仔）集中，然后转运往中国内地、南洋以至阿拉伯国家。故尖沙咀古称"香埠头"，石排湾这个转运香料的港口，也就被称为"香港"，附近的村庄被称为"香港村"。后来，"香港"一名被扩大应用于全岛。

二　九龙

九龙（Kowloon）全名为九龙半岛，是香港的三大区域之一。该名首见于 1553 年的《全广海图》。九龙之名有几种说法。

第一种，是由先民口语而来，九龙即"后坐"之意。根据是《蛮书》载："九即后，龙即坐，此皆原日蛮人土音。后人改用较雅之名字，故称九龙。"

第二种，说九龙的命名，源于一个典故。相传从前有一位天子出巡，来到九龙时，举目四望，但见八山环抱，便欲以"八龙"命之；随从提醒皇帝，他自己即是人中之龙，应该是九条龙，于是皇帝命名该地为"九龙"。

第三种，说是因为有九条山脉蜿蜒由北面而来，而山脉俗称龙脉，以龙喻山，称为"九龙群峰"，所以其地便称为九龙。

第四种，是根据《虎门览胜》记载的传说："九龙山，在新安东一百二十里，有炮台建于山澳，昔东莞之南沙山，有渔户兄弟九人，善泅水。一夕风月晴朗，九人戏于海，皆化为龙，栖其神于是山，故名。"

综上所述，第三种说法较为可信。

三 上环、中环、西环

上环、中环、西环得名于"四环九约"。"四环九约"是香港成为英属殖民地的初期，对香港岛北岸维多利亚城的行政规划。这一系统由1857年开始使用直至"二战"结束。沿着维多利亚城边缘上的一组界碑，称维多利亚城界碑，又称"四环九约界碑"。所谓"四环"就是西环、上环、中环、下环，从西向东依次排开，其中"上环"大约就在今天的西港城到西营盘之间；"下环"的名称已经不再使用，大致就是今天的湾仔和铜锣湾一带；"中环"大致是威灵顿街至军器厂街一带，是香港的政治和商业中心；"西环"则指中西区西部上环以西的地区，包括西营盘、石塘咀和坚尼地城等地。

19世纪初期，大陆人士赴港发展，都以上环为据点，因此若想缅怀香港的旧时风貌，上环绝对是最具代表性的地区之一。而与旺角、油麻地不同的是，前者属于"平民天堂"，而上环则是高雅的"花样年华"。上环的每一条街道都特色鲜明，如荷里活道被称为古董街，永乐街到高升街一带被称为药材街，林林总总，充满着高雅的生活气息。上环的文武庙也负有盛名，是香港最具历史和知名度的庙宇之一。

四　西贡

新界东部有个西贡半岛，设有香港十八区之一的"西贡区"，包括东面水域内的70多个岛屿，将军澳即属于西贡区。一条小街贯穿西贡半岛，街上雕梁画栋的牌楼，是西贡的一景；街边鳞次栉比的是一家家海鲜餐厅，而西贡现在也以美食闻名，是香港著名的海鲜胜地，又有着"香港后花园"的美称。

"西贡"之名，大约在明初才出现。从明成祖永乐三年至宣宗宣德八年，大明帝国曾派遣郑和七次"下西洋"。在这七次下西洋后，不少东西亚、中东沿海、东非等国家也向明朝进行朝贡或贸易。在当时，西贡便是西来朝贡船只停泊的一个港口。久而久之，这里就被称为"西贡"（Sai Kung），有"西方来贡"的意思。清朝时期，所有由西方进入中国的商船、贡船必须在西贡的佛堂洲完税方可进入中国海域。因此，西贡这地方的命名，就是指从西方来的贡船。

九龙也有一条"西贡街"，名字同为"西贡"，但来历却完全不同。西贡街以一座越南城市西贡而命名，故称Saigon Street。

五　赤鱲角

位于离岛区的赤鱲角，名字来源说法不一。"鱲"在《现代汉语词典》及《汉语大词典》中的解释均为桃花鱼，即一种淡水鱼。赤鱲角可是一片大海之中的荒岩，大概和淡水鱼没有办法扯上关系。如果把"鱲"看为市场上所售卖的"鲡"鱼，现存名字的读音就应该改变。其实，据《广东图说·新安县图》记载，"赤鱲角"应为"赤沥角"，古称赤沥角岛，《粤大记》中称"赤腊洲"。赤鱲角的四周都是裸露的风化的黄岗岩，就好像人没有穿衣服一样，赤身裸体，"赤腊洲"因此得名。而从"沥"到"鱲"，应是读音相同而导致的传抄错误。

六　薄扶林

位于薄扶林的薄扶林村是港岛现存历史最长的村之一，香港仅开埠 100 多年，而薄扶林村却有两三百年历史。清康熙年间，有 2000 余人为避"三藩之乱"移居到这里，形成村落。薄扶林现位于香港港岛区，是香港岛的市郊部分之一。薄扶林古称百步林，来源于该处一带以前为茂密的树林。因有很多名叫薄凫的鸟栖息，又被称为薄凫林，此名亦可见于清朝嘉庆年间由王崇熙纂辑的《新安县志》。其后，地名被写成薄扶林，一直沿用至今。

薄扶林本来仅指薄扶林村附近一带，后来逐渐发展为薄扶林道沿线地区，有时更会包括石塘咀以南的半山区的中西区地域，如蒲飞路、香港大学等，至薄扶林道与般咸道的交界为止。

七　吐露港

吐露港古称大步镇，原称大埔镇，是香港新界的主要内港之一。963 年，南汉在大埔置媚川都，在大埔海采集珍珠，到了宋朝时为巅峰，与广东合浦（即今日广西北海市）齐名。由于采珠业发达，大埔海亦称"媚珠池"，而当地渔民则称呼它为"珍珠江"。吐露港之名也因其珍珠开采行业的发达而得。当地的采珠事业一直持续至明朝中叶才日渐式微。明朝洪武七年，曾因为采珠五个月仅得半斤，官方认为产珠已尽，决定放弃，并迁往合浦。

八　屯门

屯门位于珠江口东岸，包括大屿山和屯门山之间的区域，以及屯门山东面的海湾——屯门湾（今青山湾）。屯门山又名青山，古名杯渡山，据明《天顺东莞旧志·卷一》载："杯渡山，在县南三百八十里，即屯门山也。其山枕进大海，远望黄木湾正相对。"韩愈诗云："乘潮簸扶胥，近岸只一发。两岸虽云牢，木石互相发。屯门虽云高，亦映波浪没。"相传佛家达摩祖师初结缘，以杯当船乘，滚滚惊涛安然无事，须臾至彼岸，掷杯入青云而不见。又据刘宋元嘉元年（424 年）载，杯渡禅师常来青山赴斋，建杯渡寺，故名。南汉大宝十二年（969 年），封为瑞应山。今有"瑞应岩""滴水岩""虎跑井"。山麓滨海有二石柱，阔四十步，高五尺余，其柱半折。《郡志》云："昔鲸鱼入海，触折其柱。"山有杯渡庵，广帅蒋之奇有诗并序，刻于山巅，有"渡也益复奇，一杯当乘船"之句。

后因屯门军镇的设立而更名为屯门。李唐时，湾泊屯门的商舶众多，而且被视为险要所在，故设置屯门镇；以守捉使领兵驻守，巩卫屯门邻近一带海域。五代时，南汉刘氏曾敕封杯渡山为瑞应山，至北宋初年，仍更名为屯门。北宋时，在屯门地区仍设屯门砦。

九　粉岭

相传在粉岭区内，有一座大岭山。据民间流传，在大岭山上有一块石壁，雪白如粉，人们大为惊异。居于附近的村民便将其名为"粉壁岭"，位于附近的乡村也顺理成章成为"粉壁岭村"。每逢天旱，村民就会备齐祭祀用品，在壁前祈求天降甘霖，据说有求必应，人们也愈加崇敬"粉壁岭"。后来，为了发音的方便，简称为"粉岭"。

十　七姐妹道

七姐妹道位于港岛北角与鲗鱼冲之间，在开埠初期，它的背面是一片海，而它的名字也来源于海上的七块礁石。这七块礁石外形像七位蹲下的美丽的渔家女，人称七姐妹石。相传，古代有七位蕙质兰心的姐妹，相互约定绝不出嫁。无奈父母之命，三妹被迫许人，但她为了遵守约定，抗争不成便跳海自尽。其余六位姐妹念其手足之情，赞其守约之德，也相继投海。谁知这七姐妹的尸体却怎么也找不到。当人们以为茫茫大海连她们的尸首都吞没之时，海上浮起了七块礁石。后人为了纪念她们，便命名为七姐妹石，在旁修筑的道路，也名为七姐妹道。

十一　诗歌舞街

九龙大角咀区有一片以植物名称命名的街道，如枫树街、槐树街、松树街等，诗歌舞街也在其中。香港最初的地名只有英文，现在的中文地名都是音译或意译而来，受限于当时人的知识水平，难免会有些错误。像现在的松树街（Fir street）和杉树街（Pine street），两条街道的中文名和英文名居然相互调换了，而且将错就错，一直沿用至今。虽然前面提到了这种错误，但至少这些街道仍然以植物为名，在一片以植物为名的街道中，诗歌舞街显得是个另类。为什么独独它不是以植物为名呢？其实，"诗歌舞"是无花果的英文 sycamore 的谐音。因为它既无花又无果，所以香港人认为无花果不太吉利，才用谐音去取代它的本义，希望能够带动房地产业。因此，一条具有文艺气息名称的道路，也应运而生。

十二 皇后大道

作为香港最著名的道路之一，其背后有一段将错就错的佳话。皇后大道修建于 1842 年，是在最早的填海区上建立的。当时港英政府的本义是修建一条"女皇大道"来纪念维多利亚女皇，所以将这条路命名为 Queen's Road。但在翻译时，由于中国本身的历史背景，不知"Queen"指的是女皇，而将"女皇大道"错译成了"皇后大道"。这个错误一直到 1894 年才被当局政府发现，虽在报上登过更正启事，但由于历时已久，民众无法接受这一更改，于是一直沿用至今。

十三 裙带路

香港的旧名称"裙带路"，它是开埠前香港北岸的土名，也作裙大路、群带路、群大路。"裙带路"有两种含义，一是村落的名称，二是指该村附近的一条山径，两者关系密切。到 19 世纪中叶时，它更成为港岛中环海面及沿海地带的泛称。至于"裙带路"名称的由来，也有三种说法。

（1）古老相传，居住在岛上的居民，除了耕种和捕鱼外，也到山坡上砍伐树木和柴草做燃料，由村落通往山里的小路，远远望去，上下纵横，犹如村妇的衣裙之带，所以得此名。

（2）"风吹罗带"是为一风水地名，按堪舆学上有"罗裙地"与"青罗裙地"的名称，该处地形山坡起伏，犹如"风吹罗裙"，故由此演变出该地名。

（3）英国人初到香港岛时，在赤柱附近登陆，由当地一名叫作陈群的人引带，经过香港村、薄扶林，一直到岛北中环一带。后来，英国便因所带之人名"群"，便将此地命为"裙带路"。

但据史料记载，裙带路之名，早在英国人到香港之前就已经出现，所以前两种说法较为可信，后者为附会之作。

十四　赤柱山

赤柱山位于香港岛南部的赤柱半岛，赤柱之名首先出现于明朝《粤大记·广东沿海图》，其中记载为"赤柱"。据说，赤柱以前有很多木棉树，在日出阳光照耀下树上所开的红花看起来像红色的柱子，因此村名称为"赤柱"，山亦因此得名。一说是因海盗猖狂，很多海盗经常寄居于此，居民称该地有"贼常住"，客家口音"贼住"后来转为"赤柱"。

十五　青衣

香港新界葵涌有一个叫"青衣"的岛，系香港第五大岛，由3个海岛（即原来的青衣岛、牙鹰洲和洲仔）填海而成。"青衣"之得名有两种说法，一说昔日东北海域盛产青衣鱼，另一说法则是青衣岛的外形似青衣鱼。但无论哪种说法正确，都与青衣鱼有关，而与戏曲的"青衣"没有关系。

十六　日街、月街、星街

日街、月街、星街位于港岛湾仔区，1900年代曾在这里建了香港最早的发电厂，发电厂搬迁后这里建设了街道。街道的命名取自《三字经》中的"三光者，日月星"，寓意电力能带来光明，并纪念此地曾建有发电厂的这段历史。如今，日街、月街、星街三街是一个小资气息浓郁的地方，遍布酒吧、咖啡馆和特色小店。

十七　筲箕湾

筲箕湾位于香港岛的中心北岸之东，是香港最早期被开发的地区之一。它本来是一个海湾，因为水域很圆，像一个大筲箕，因而为名。不过，坊间亦有两个传说与筲箕湾的地名起源有关。

传说之一，南宋末年，有一个叫张进的人随海军船舰到九龙半岛一带，经过现时的筲箕湾时，不小心将他祖先给他的家传之宝筲箕跌到海中，所以这个海湾就称为筲箕湾。传说之二，清朝初期，有一个叫朱蒂的渔民，结婚后不久丈夫就去世了，并诞下一个遗腹子，取名作阿虾。阿虾虽然是一个好孩子，但后来因感染了天花而变盲。到了阿虾15岁时，母亲亦感染重病。为了养活母亲，他便用筲箕于现时的筲箕湾行乞为生。后来，有一日天气异常恶劣，阿虾被海浪冲走，只留下筲箕于岸边。为纪念阿虾的事迹，当地居民将这个海湾改名为筲箕湾。然而，由于筲箕湾这个地名最早于明朝万历年间编写的航海图《粤大记》中出现，故第二个传说的可信度较低。此外，筲箕湾亦曾被称为饿人湾。传说明朝时期，有一队商船因台风而被逼于现时的筲箕湾登陆。当他们找寻食物时，却无法找到，连当地居民也无法找到。结果，他们在离开前都无法充饥，因此而戏谑这个海湾为饿人湾。比较有根据的说法是香港开埠初年，筲箕湾一带对外交通十分落后，只靠班次极疏的舢板联系中环。饿人湾指若被困在该处，迟早会饿死。当时有一句俗语："英雄被困筲箕湾，问君何日到中环"，就是形容筲箕湾交通落后的情况。

十八　新界

"新界"之名首见于1898年6月满清政府和英国于北京签订的《展拓香港界址专条》。签订该条约前，中国已把香港岛和九龙半岛分别割让给英国，但由于英国仍不满足，所以要求满清政府租借更多土地。在《展拓香港界址专条》中，新的租借范围包括深圳河以南、界限街以北的九龙半岛地区，以及附近大小200多个小岛。该条约以英文写成，文中将这些地区称为"New Territories"，翻译成中文就是"新界"。

十九　落马洲

落马洲位于香港新界，与深圳福田区的皇岗仅一河之隔。邻近深圳河，形成香港与中国内地之间的边界，1989年在此建成落马洲口岸，成为香港与内地间的公路通道之一。

据传说，南宋末年宋少帝南下，曾驻跸于此，行人路过时必下马以示敬意，故名"落马洲"。但在嘉庆《新安县志》中则记载："勒马洲在五都，一山横出，形如勒马。""勒马洲"当是据形命名。

二十　尖沙咀

尖沙咀，又作尖沙嘴，古称尖沙头，旧名香埗头。"沙"和"咀"是典型的粤语地名，分别为"由泥沙等沉积物形成的土地"和"向江海中突出的部分"之意。尖沙咀位于九龙半岛的尖端，在移山填海之前，由于该处附近的海水被官涌山所阻，其南端形成一个长及尖的沙滩，地形上十分显著。据明朝万历年间的《粤大记》记载：由于该处海水为官涌山阻，形成一个沙滩，再加上海岸线凹凸不平，又长又尖，所以称为"尖沙咀"。

二十一　油麻地

油麻地位于香港九龙半岛南部，属于油尖旺区，也写作油蔴地，英文作 YauMaTei。旧时油麻地天后庙前的土地是渔民晒船上麻缆的地方，因而有很多经营补渔船的桐油及麻缆商店，故被称为"油麻地"。油麻地历史悠久，街道、建筑有旧式遗风，本土气息浓郁。

二十二　铜锣湾

铜锣湾原来指的是今维多利亚公园的海湾及其东南岸，因为该处的海岸线像个铜锣，故名。早期海岸线就在今日铜锣湾道。19世纪中期，铜锣湾成为英资怡和洋行总部所在地，当时怡和在此区域设置货仓及糖厂。由于来往港岛东西须绕路或坐船经过铜锣湾很不方便，就兴建了一条连接海湾的海堤，即现今的高士威道（Causeway Bay Road）。至20世纪50年代，填海工程将海湾填平，得到的土地一部分用来修路，一部分则成了维园。原来曾经位于海边的铜锣湾道和建于海湾中的高士威道，都变成了内陆道路。如今被称为铜锣湾的商业中心，并不是原来被称为"铜锣湾"的海湾位置，而是原来的"东角"（维多利亚城的最东头）。

二十三　维多利亚港

维多利亚港（Victoria Harbour）简称维港，当年英国占领这个海港时，正值维多利亚女王（Alexandrina Victoria，1837—1901）在位，英国人为纪念女王，遂以其名命名该海港。维多利亚港位于香港岛与九龙半岛之间，港阔水深，是享誉世界的三大天然深水良港之一；维港拥有无敌海景，夜景绚丽璀璨，香港亦因之拥有"东方之珠""世界三大夜景"之美誉。

二十四　调景岭

调景岭原是寮屋区，位于香港新界西贡区将军澳。调景岭最早的名称叫"照镜环山"（或作"照镜岭"），因为当时该地的海湾规圆如镜，平静无波，故被渔民称作照镜环，陆上山岗叫照镜岭。

后来，一位名为 Albert Herbert Rennie 的加拿大人，在该处买地兴建一间磨坊磨制面粉。面粉厂于1905年投产，1908年破产，这位加拿大人受不了打击，就在面粉厂前用绳吊颈自杀。此地英文被称为伦尼磨坊（Rennie's Mill），中文名则为吊颈岭，当与那位加拿大人在此地上吊自杀有关。后来，政府将"吊颈岭"改名为谐音的"调景岭"（Tiu Geng Leng）。

二十五　火炭

火炭位于香港沙田区中部，最早的"火炭"倚山临河，水退时为滩，故称为"河滩"或"可滩"，客家话中就是好的滩，谐音为"火滩"，又被称为谐音的"火炭"，"火炭"之名沿用至今。"火炭"原为客家人聚居区，村民姓郑，原籍广东省五华县，避乱迁居博罗县，后于清雍正年间（约1730年）再移居现址。

二十六　大屿山

大屿山为香港第一大岛。大屿山在南宋时称大奚山，"奚"古义为"隶役""下贱"，因该地居民多非法制运私盐，被官府认为是

"不事农桑，不隶征徭"的所谓"化外之民"。大奚山即是指"落后民族居住的岛屿"。后来，陆续出现谐音的"大溪山""大姨山""大虞山""大鱼山"。嘉庆年间的《新安县志》开始出现谐音的别名"大屿山"，道光及其以降，大屿山即作为官府使用的正式名称。凤凰山（海拔934米）为大屿山之主峰，《新安县志》载其"双峰插霄，形如凤阁"，故称凤凰山。

至于大屿山之"烂头山""南头岛""大濠岛""达濠岛"等异名，据饶玖才先生《香港的地名与地方历史》考证，是中外语文翻译所致。

二十七　摩罗街

摩罗街位于香港上环的皇后大道西与荷李活道之间，被乐古道分为摩罗上街（Upper Lascar Row）和摩罗下街（Lower Lascar Row）。它虽然是一条细小的街道，却折射了香港地名的"印度元素"。

"摩罗"（Moro）一词，是葡萄牙人对印度人的称呼。葡萄牙人称呼穆斯林（Muslims）和摩尔人（Moors）为Moro，因葡人刚到印度时，接触到的多是穆斯林，于是也称印度人为摩罗（Moro）。受早期居港的葡裔人士影响，或受邻近的澳门（时为葡殖民地）影响，港人也习惯称印度人为"摩罗人"。

在香港开埠初期，港英政府从英国在亚洲的另一殖民地印度招募大批水手、士兵和工人，当时这些印度人多聚居在这条街，于是该街道被港人称为"摩罗街"。

附录一

深港地区地名通名特色用字一览

序号	通名用字	含义	示例
1	坂	壮傣语中的"村"义	深圳的坂田
2	涌	粤语指小河岔，可指聚落名	深圳的西涌 香港笃尾涌
3	峒、洞、垌	山间盆地、山谷或是被山地围绕的居住地区，或是聚落名，三字常混用	深圳的王母峒 香港粉领的莱洞
4	罗	古壮侗语对山的称呼	深圳的罗湖 香港的罗洲岛
5	古	壮傣语意为树，多指聚落名	深圳的大岭古 香港的古坑
6	那、田	壮傣语中表示农田，又作"田"，后可表示聚落名	深圳宝安的谭那 香港的沙田
7	榄、南、林	古壮语表示水的地名	深圳的南塘 香港的大榄、薄扶林
8	丫（鸭）	疍族语指有双峰或尾端分叉的海岛	深圳的东丫 香港的南丫岛
9	畲、輋	原义为畲族人用以刀耕火种的山坡，后可指聚落名	深圳的大輋埔 香港的平輋
10	兰、栏	壮傣语为"家"义，可作聚落名	深圳的马兰
11	塱、朗	粤语指低湿的田地或在该地建立的村落	深圳的横塱 香港的元朗

续表

序号	通名用字	含义	示例
12	塝、磡、坎	粤语指岩崖或下陷的地面，亦指高的堤岸或似高堤的地形	深圳麻磡 香港的红磡
13	滘	粤语指小河汇入大河之地，也用作聚落名	深圳的后滘 香港的大埔滘
14	沥	小河汊，也用作聚落名	深圳的黄竹沥 香港的深坑沥
15	澳	粤语指海边弯曲可以停船的地方	深圳的南澳 香港的将军澳
16	沙	粤语指泥沙沉积而成的陆地，或指海水冲积而成的沙滩，还指围海而成的田地	深圳的大梅沙 香港的大沙落
17	凼、氹	粤语指水塘或水坑，也可作港湾名、村落名	深圳的凼元村 香港的掘头氹
18	围	粤语指所筑的围墙或堤坝	深圳的老围 香港的天水围
19	埒	意为堤坝，或指用以围垦田地、基围、鱼塘所形成的小路	深圳的埒岗 香港的埒围村
20	埗、埠、步	停船的码头、渡口，或靠近水的地区	深圳的上步 香港的深水埗
21	肚	山窝的平地，尤指其中隆起部分	深圳的窑肚村 香港的南房肚
22	圳	田边水沟	深圳的圳埔岭 香港的圳边
23	岇	刀刃般险峻的山峰、山岭	深圳的大刀岇、茄刀岇
24	排	指山腰或山边较大的坡地，也指村寨	深圳的瓦窑排、东庵排

续表

序号	通名用字	含义	示例
25	屋	客家聚族而居的聚落名	深圳的李屋 香港的罗屋
26	凼	山区房屋及梯田的地脚或底部	香港的寨凼
27	汕	原指群鱼游水的样子，后指暗礁，或是海边安设捕鱼器具的陆地	香港的汕头街、汕头角
28	汀	原义为水边的平地或小岛、小洲	深圳的东汀路 香港的汀角
29	寮	意为"棚子"或"小屋"，也用作聚落名	深圳的田寮 香港的香粉寮
30	埕	本字是埕，福佬方言中指海边饲养海产的田地，或是晒渔具或渔猎品的石地，后又可指场子	香港的咸鱼埕（晒鱼场）
31	社	古指祭祀土神的地方，后可指聚落名	深圳的西社 香港的北社
32	甲	山谷出口的地方	深圳的一甲 香港的石门甲
33	浪	风浪大的海岸或岸边村落	深圳的大浪 香港的二浪
34	白	疍族语指沙滩	香港的大白
35	皮（坡）	山坡	香港的下岭皮
36	陂	山中蓄水的小水坝	深圳的长岭陂 香港的陂头楼
37	尾	陆地的末端、边际	深圳的较场尾 香港的咸坑尾
38	坪	山中较大的平地，也可指聚落名	深圳的坪山 香港的赤泥坪
39	坳（凹）	山间低陷而成为通道的地方	深圳的荷坳 香港的分水凹

续表

序号	通名用字	含义	示例
40	咀（嘴）	陆地末端突出的部分	香港的尖沙咀、大角咀
41	背（贝）	地理实体的上面或后面（背面）	香港的山背 深圳的田贝
42	埔	客家话指山脚较平的地方	香港的大埔
43	第	乡绅的大宅院	深圳的将军第 香港的甘棠第
44	径	山间小路或聚落	深圳的上水径 香港的凤凰径

附录二

地 名 录

一　深圳部分地名录
（音序）

A

矮岗村	矮岭	爱联乡	安乐村	安良乡
安田	安托山	庵吓	暗径村	昂俄
凹背围	坳背	坳背老围	坳背新围	坳二村
坳头老村	坳头新村	坳下村	坳一村	澳头村
澳子头村	澳子下村			

B

八村	巴登村	巴丁	拔头吓	坝岗
坝光村	坝光老屋村	坝光李屋村	坝心村	坝顶乡
白鸽湖村	白虎头	白花洞村	白灰围村	白芒村
白坭坑村	白泥坑	白泥坑乡	白沙水村	白沙湾村
白石村	白石岗村	白石港	白石龙村	白石厦村
白石塘村	白石下	白石洲村	白水塘	百坳村
坂田村	坂田乡	半坝	半天云村	蚌岗
蚌湖村	蚌岭	包宜	保安乡	陂头背村
陂头肚	陂头吓村	北村	北龙	北门坳村
北头村	碧岭围	碧岭乡	碧头村	碧眼村
碧洲村	滨江新村	炳坑村	玻璃围	伯公坳
伯公村	伯公树	壆岗村	壆岗乡	布吉圩

布吉乡	布吉一村	布锦村	布美	布尾
布尾村	布心	布心村	布新乡	步尾
步涌村	步涌乡			

C

蔡屋围村	仓前村	曹屋围	草堆岭	草埔
草围村	曾屋	曾屋村	曾卓	茶光村
茶树	茶西	茶园坑	产头村	常兴村
朝阳围	朝阳乡	长安村	长安里	长发村
长甫头	长庚	长贵村	长咀	长康村
长康村	长沥	长连山	长龙田	长排头
长牌墩	长莆	长青	长青村	长沙
长沙湾	长山	长石排	长顺街	长索
长亭	长湾	长旺道	长窝	长岩
长义街	长裕街	长源路	长智港	长洲
车村	臣田村	尘谷坑	陈坑	陈屋村
陈源盛村	晨光	城内	城外	池屋
池屋村	赤澳	赤花岭	赤岭头	赤石岗
赤石岗村	赤水洞	赤湾村	赤尾村	赤子香
冲街村	冲下村	船岭	祠堂村	翠澜翠竹村
内巷				

D

大布村	大布巷	大布巷村	大布巷老围	
大布巷新围	大草埔	大铲村	大冲村	大船坑
大碓村	大发埔	大发埔村	大芬村	大凤村
大福村	大光勘村	大光岙	大行村	大航
大和村	大湖村	大井头	大磡	大磡二村
大磡一村	大康乡	大浪乡	大联坪村	大靓村
大岭	大岭顶	大岭古	大岭厦村	大岭头
大岭下	大岭吓村	大龙村	大梅沙村	大鹏古城
大鹏山庄村	大坪	大坡头村	大埔村	大沙河
大畲埔	大輋围	大石里	大石理村	大石头
大水坑	大水坑乡	大水田村	大水湾	大松园村

大塘	大塘龙	大田	大头岗	大万村
大汪山	大王山村	大望	大望村	大围村（黄阁坑）
大围村（将石）	大围村（龙新）	大围村（平湖）		大围坊
大窝	大窝疆	大屋	大新村	大兴
大涌	大园	丹湖	丹坑村	丹竹头村
担杆地	氹元村	凼园	德丰	德围村
登高村	低山村	店仔	叠富上	叠富下
丁甲岭村	东庵排	东边村	东边头村	东边月
东二	东二村	东方村	东方乡	东风
东风乡	东角头	东坑村	东联	东门
东门村	东埔	东山	东山村	东山梁屋下村
东山沙埔村	东山乡	东塘	东塘村	东头
东湾村	东王	东心巷	东一村	东涌大围村
东涌沙岗村	东涌上围村	东涌乡	东渔村	东园新村
洞背村	洞梓村	独树村	独竹村	杜岗岭
渡头围村	对门岭	对面村	对面喊	对面岭村
墩背村	墩头	墩子		

E

俄公坡	鹅春岭	鹅公村	鹅公岭村	鹅公岭乡
恩上村	恩上新村	二村		

F

翻身村	翻身管理区	放马埔	飞东	飞西
丰树山村	丰顺村	丰田	风门坳村	枫南村
枫新村	凤岗	凤岗管理区	凤凰村（福永）	
凤凰村（光明）	凤凰岗村	凤凰乡	福光村	福和村
福坑	福林村	福楼村	福民乡	福田村（大康）
福田村（观城）	福田村（环庆）	福围村	福永村	
福永圩	福永乡	福永正涌	福园	辅成坳
复兴	富地岗村	富康		

G

甘坑村	岗贝村	岗背	岗厦村	岗头
岗头陈屋村	岗头东王村	岗头福田村	岗头老围	岗头乡

高大村	高岭村	高另	高桥村	高园村
高源谭屋村	高源乡	高圳头	高圳头村	格坑村
格浦	格水村	格塘村	格田村	格瑶田
隔水	根竹园村	弓村	公停	共和共和村
共和新村	共乐村	共乐管理区	古墟村	谷仓下
谷仓吓	谷二村	谷湖龙	谷一村	固戍村
固戍管理区	关口	关口村	观澜圩	观澜乡
官湖村	官龙村	官路下	官路吓村	官田村
官新合村	光背	光瓦园	光雅园村	贵湖塘
贵湖塘村	桂花乡	桂澜	桂庙旧村	桂庙新村
桂木园	郭尾村	郭屋村	郭吓村	果园背

H

海滨村	海昌	海湾村	海湾新村	汉田村旱塘
	旱塘仔	蚝二村	蚝三村	蚝四村
蚝业村	蚝一村	耗业乡	耗涌	禾场头
禾场吓	禾花	禾坪岗村	禾沙坑村	禾塘光
禾塘光村	禾学	何家围	何屋村	和二村
和合	和岽	和磡村	和平村	和平乡
和一村	和悦村	河背村	河唇	河东村
河南村	河西	河西村	河园新村	荷坳村
荷坳乡	荷塘坑	鹤斗	鹤坑村	鹤薮村
鹤围村	鹤洲村	横背岭	横岗头	横岗圩
横岗乡	横坑	横坑河东村	横坑河西村	横浪
横岭	横岭村	横岭塘	横龙岗	横排岭村
横山村	横塘	横头村	红坳村	红波村
红村	红花岭	红花潭	红花园	红岭
红南	红旗村	红旗围	红星村	红星乡
红朱岭村	洪安围	洪桥头村	洪田村	洪田新村
洪围	洪围村	鸿安围（含老围、新围）		鸿围后海村
后瑞村	后亭	后亭村	后尾坂村	湖贝村
湖南围	湖心新村	虎地排村	虎竹下	虎竹吓村
笏头花果村	花果山	花树尾	花园村	花园坊

华侨新村	怀德村	怀德乡	皇岗村	皇岗老围
皇岗上围	皇岗水围	皇岗下围	皇岗园岭村	黄贝岭村
黄背坑	黄必围	黄碧围	黄草浪	黄二
黄阁坑	黄阁坑乡	黄果坜	黄景坑	黄榄坑村
黄龙湖村	黄龙坡村	黄龙塘村	黄麻布村	黄麻埔村
黄坭元	黄泥园	黄埔村	黄岐塘村	黄沙坑
黄田村	黄田管理区	黄屋	黄屋村	黄一
黄竹村	黄竹径	回盛乡		

J

鸡公庙	积谷田村	吉坑村	吉垄	吉麻湖
吉厦村	吉溪村	甲岸村	甲片	甲子塘村
简村	简二村	简龙村	简上村	简头村
简头岭村	建和	建新	建新村	江边
江边村	江岭乡	江门	江围村	江围乡
江屋村	将军帽村	将围村	姜头河背	姜头老围
茭塘村	蛟湖村	蕉湖村	较场尾村	教场布
教尾场	解放村	界边	界口	金成
金地	金龟乡	金花围	金钱凹赖屋村	金沙乡
井水龙	井仔	井子吓	景华	径贝村
径口村	径子	迳口村	九街村（南头城）	
九围村	九围管理区	九祥岭村	九巷村	旧村
旧石厦	旧圩村	旧墟村	桔岭	桔岭老村
桔岭新村	聚富	均全	君新	君子布乡

K

客家村	坑背村	坑尾村	库坑村	库坑乡
葵丰欧屋村	葵新新围村	葵新张屋村	葵涌圩	葵涌乡

L

赖屋	赖屋山	赖屋山村	兰水墅	兰水坐村
兰屋围村	朗下村	浪背村	浪口村	浪尾
浪心村	劳动村	老村	老大坑	老二村
老三村	老四村	老太坑村	老塘	老圩村

老围（马峦）	老围（坪环埔）	老围（汤坑）	老围（田头）	
老围（竹坑）	老围村（华联）	老围村（回龙埔）	老围村（六联）	
老围村（龙西）	老屋老西村	老香村	老一村	乐群村
簕竹角雷	公井	雷公岭	梨园	黎岗老围
黎岗新围	黎光村	黎屋村	李公径	李朗乡
李松萌村	李屋	李屋村	李中	鲤鱼岭
鲤鱼塘	力昌	力元吓村	坜背	利民新村
荔香坊	荔园村	荔苑	荔枝岭村	荔枝山村
荔枝园村	莲湖村	联和村	良安田村	凉帽山村
梁屋村	梁屋下	料坑村	廖屋	林屋
凌屋	菱塘	岭澳乡	岭背村	岭背坑
岭背坑村	岭根吓	岭脚㧡	岭下	岭吓
刘屋	刘屋村	留仙洞村	流塘村	六村
六联乡	六约乡	龙背	龙川圩	龙村
龙东乡	龙岗乡	龙岗镇	龙湖	龙华圩
龙华乡	龙井	龙口村	龙岐村	龙岐沙埔村
龙湫	龙山	龙胜村	龙胜堂	龙胜乡
龙塘村（六约）	龙塘村	龙尾	龙尾村	龙屋
龙屋村	龙西乡	龙溪	龙溪村	龙兴
龙眼山村	龙眼园	楼村	楼岗	楼岗村
楼角	楼角村	楼下	楼吓村	楼园新村
卢屋	鹿咀	罗卜坝村	罗芳村	罗庚丘
罗谷	罗湖村	罗瑞合	罗瑞合村	罗田村
罗田乡	罗屋村	罗屋田	罗屋围村	罗租村
萝卜坝				

M

麻布	麻布村	麻布管理区	麻村	麻地村
麻地头	麻㟺	麻磡村	麻岭	麻沙村
马安岭	马安山村	马鞍山	马东	马家龙
马兰	马兰乡	马坜	马坜大屋村	马坜老二村
马坜老一村	马沥老围	马岭	马桥村	马山头村
马塘村	马蹄山	马蹄山村	马西	马竹村

| 茂盛村 | 茂仔村 | 梅富村 | 梅岭 | 庙溪 |
| 民乐村 | 民治乡 | 民主乡木墩村 | 木棉湾村 | |

N

南边头	南布	南布村	南昌村	南村
南洞	南洞村	南光村	南坑村	南坑埔村
南联乡	南岭村	南庙	南畔	南三村
南山	南山村	南上村	南社村	南水村
南塘村	南头城	南屋	南下村	南渔村
南园	南园村	南园新村	南约乡	南庄村
楠木峯村	内伶	泥岗村	牛背	牛成
牛成村	牛唇岭	牛地铺	牛地埔村	牛轭岭
牛轭岭村	牛湖	牛湖村	牛湖老村	牛湖乡
牛湖新村	牛角龙	牛栏前村	牛岭吓	牛眠岭村
牛始埔村	牛湾	牛仔园		

O

| 欧书元村 | 欧苏园 | 欧屋 | | |

P

排榜村	排榜	潘屋	盘古石	彭坑龙
彭屋	鹏城乡	平湖	平湖圩	平湖乡
平山	平山村	坪环乡	坪埔	坪埔村
坪山圩	坪山围	坪山仔村	坪洲岭	坡头背
坡头肚	坡头下老村	坡头下新村	铺成坳乡	铺吓
蒲排	蒲排村	埔厦村	埔尾村	

Q

七村	七斗种	岐岭	岐岭村	岐岭六村
其面村	旗面	企岭	企岭村	企坪
前进村	茜坑（汤坑）	茜坑（竹坑）	茜坑老村	茜坑新村
羌下村	桥背村	桥头村	桥头乡	青草林
青排	清湖村	清水河村	清松乡	邱屋村
求水岭	鹊山村			

R

| 稔田 | 稔田村 | 任屋 | 任屋村 | 荣村 |

荣田	榕树背	榕树下	榕树吓村	阮屋
阮屋村				

S

赛龙村	三村	三村老围	三村吓围	三村新围
三栋	三栋屋村	三合村	三和	三和二村
三和一村	三河	三间仔	三角楼	三井
三联乡	三围村	三围管理区	三溪	三溪曾屋村
三溪黄屋村	三溪乡	三溪新屋仔村	三溪中新村	三洋湖
三洲田村	三祝里村	叁盛散屋	沙背坜	沙背坜村
沙边	沙垒	沙垒乡	沙步头	沙弹
沙二	沙二村	沙岗	沙光圩	沙湖
沙积	沙绩	沙井大村	沙井头村	沙井镇
沙咀村	沙坑村	沙栏下	沙栏吓村	沙梨元
沙梨园	沙梨园村	沙林棚村	沙林鹏	沙排
沙埔头村	沙浦	沙浦村	沙浦四	沙浦围村
沙三	沙三村	沙四	沙四村	沙坣
沙塘布	沙塘布村	沙塘围	沙头	沙头村
沙头角镇	沙头乡	沙湾	沙湾圩	沙湾乡
沙尾	沙尾村	沙西乡	沙溪乡	沙吓村
沙一村	沙鱼涌	沙鱼涌村	沙元埔村	沙正
沙嘴	厦村村	山边村	山咀头村	山厦村
山厦乡	山塘尾村	山尾旧村	山尾新村	山下村
山吓	山嘴头	杉坑村	上坳头	上坝
上白石村	上报美	上步	上村	上大坑
上洞村	上洞老围	上洞新围	上芬	上禾塘村
上合村	上合管理区	上横岗	上横岗村	上横朗村
上角村	上角环村	上井村	上径心	上坑
上李朗村	上寮村	上廖	上岭排	上梅林
上梅新村	上面光	上木古	上木古村	上南村
上南门墩	上南乡	上輋村	上排村	上坪村
上企沙村	上沙	上沙村	上沙头	上山门村
上石家村	上水径村	上塘	卜头田	上屯村

上圩	上圩门村	上围	上围村	上屋
上西山	上下围	上下屋村	上吓山村	上新塘
上新屋	上星村	上雪村	上洋	上油松村
上游松	上早禾坑	上榨	上中村	上中段
畲吓村	輋下	輋吓村	佘屋	社排上围
社排下围	莘塘村	深坑村	深朗村	深水田
深水田村	深圳水库	狮径村	狮经狮头岭村	石凹
石凹村	石陂头	石碑村	石碧村	石场
石场村	石岗	石鼓墩村	石禾塘村	石湖村
石湖龙村	石灰陂	石灰坡	石灰围村	石火村
石角头村	石街	石井	石井乡	石龙坑
石龙仔村	石楼围	石马径村	石桥头	石桥头村
石厦村	石头围	石围村	石溪村	石岩墟
石云前村	市区村	薯田埔村	述昌围	述昌围村
树山背	双坑村	双伍村	水贝村	水背村
水背龙村	水斗老围村	水斗新围村	水二村	水浸围村
水径	水径乡	水口村	水库新村	水库新围
水流田村	水门村	水田村	水头村	水头沙村
水湾头村	水围村（布心）	水围村（环庆）	水围村（民强）	
水尾村	水尾吓	水一村	水祖坑	顺合石
四村新围	四方埔村	四海新村	四和	四联乡
松柏围村	松岗（山尾）村	松岗老街（花果山）村		松岗乡
松岗镇	松山村	松树村	松树墩	松涛松元围
松元角村	松元头村（回龙埔）		松元头村（三联）	松元围村
松元乡	松园	松仔园	松仔园村	松子坑
松子岭	松子岭村	宋屋	笋岗	笋岗村

T

太平村	太兴村	太阳	谭罗村	谭屋围
潭头村	潭头乡	汤星	唐岭	唐仁冲
塘边	塘垦吓	塘径	塘径村	塘坑村
塘坑仔村	塘朗村	塘前村	塘水围村	塘头村
塘头村	塘尾	塘尾村（福永）	塘尾村（公明）	

塘尾乡	塘下围村	塘下涌村	塘下涌围	塘下涌乡
陶吓村	天井湖	田贝村	田背村	田段心村
田脚	田寮村（爱联）	田寮村（观城）	田寮村（田寮）	
田寮下	田寮吓村	田寮仔	田螺坑	田面村
田厦	田头埔	田下村	田心村（鹏城）	田心村（上屋）
田心村（田心）	田心村（新田）	田心老围	田心围	田子上
田祖上村	田作	铁岗村	铁屎湖	铁围门
通新岭新村	同乐	同乐村	同乐乡	同石
同益	桐子	土洋	土洋村	土洋乡
屯围村				

W

瓦窑坑村	瓦窑排	瓦窑排新村	瓦窑头	湾厦
湾厦村	湾头	万安堂	万丰村	万丰乡
王京坑村	王母圩	王母围	王母围村	王母乡
王松山	王桐山村	王屋巷村	望牛岗	望天湖
围肚	围角	围面村	围面田村	围仔
围仔吓呃村	围之布村	围子布	温屋	文光村
文光乡	文化新村	文新	窝肚村	乌冲村
乌坭浪	乌涌	巫屋	巫屋村	吴屋村
五村	伍家陈村	伍家李村	伍屋	伍屋村
伍屋围	武馆	武馆村	务地埔村	

X

西边	西边村	西贡村	西禾树	西和村
西湖	西湖村	西湖塘村	西坑	西坑大围
西坑乡	西岭村	西岭下	西门	西南
西山下	西山吓村	西社	西田村	西头村
西乡村（坝光）	西乡村（西乡）		西洋尾	西洋尾村
西涌沙岗村	西涌乡	西涌新屋村	昔安村	溪蚌岭村
溪头村	溪涌村	细靓村	细靓窝	虾山涌
下坳头	下白石	下白石村	下陂	下步庙
下村村	下大坑	下厄	下岗	下禾塘村

下横岗村	下横朗村	下井	下径心	下李朗村
下寮村	下廖	下岭排	下梅祠堂	下梅林村
下南村	下南门墩	下辇村	下排村	下埔
下企沙村	下沙	下沙村	下沙高屋围村	下沙上围村
下沙下围村	下山门村	下十围	下石家村	下水径村
下屯村	下屋	下西山	下新塘	下新屋
下雪村	下油松村	下游松	下早禾坑	下中村
下中段	吓村	吓岗二村	吓岗一村	吓井村
吓坑村	吓埔村	吓田	吓围村	吓屋村
吓榨	仙人岭村	贤合村	咸水湖	咸头岭
冼屋村	香元村	向南村(民强)	向南村（向南）	向西村
巷头村	象角塘村	小径墩	小梅沙	小梅沙村
小三洲	协平村	斜平	谢屋	辛塘村
辛养村	新陂头村	新布村	新祠堂村	新村
新村（凤凰）	新村（沙坐）	新村（新木）	新村（秀新）	新村岭村
新大坑村	新大乡	新屋仔村	新二村	新放岭村
新光村	新和	新和村	新横	新湖村
新郊村	新开	新联村	新民	新木
新木乡	新南乡	新平村	新坡塘	新坡塘村
新乔围	新桥村	新桥乡	新曲	新社
新生乡	新狮	新狮村	新石桥	新塘
新塘村（大水坑）	新塘村（新塘）		新塘坑村	新塘围
新塘围村	新田村(大望)	新田村（新田）		新田老村
新田乡	新田仔	新屯村	新圩村	新围村（大浪新围）
新围村（辅城坳）		新围村（将石）		新围村（西丽新围）
新围仔村（岗头）		新围仔村（马安堂）	新围仔村（新木）	新屋
新屋（龙田）	新屋（沙湖）	新屋（沙坐）	新屋场村	新屋村
新屋地	新屋吓村	新屋仔	新西	新西村
新西乡管理区	新香村	新秀新村	新园	新园村
新洲村	新作坡	兴围村	兴围乡	墟镇
徐屋	徐屋村	许屋	薛屋	学湖浪
雪竹径				

Y

鸭母脚	牙山	芽山村	衙边村	盐村
盐田村	盐田圩	盐灶	盐灶村	燕川
燕川村	燕川乡	阳和	阳和浪村	杨梅冈村
杨梅岗村	杨梅坑村	杨美村	杨屋	杨屋村
洋稠	洋母帐	叶屋	叶屋村	一村
一甲	一甲村	银珠村	银珠岭	应人石村
永北村	永丰村	永湖村	永南村	永仁陂
涌街	涌下	油草棚村	油甘排	油社
油炸巷	油榨	油榨村	渔村	渔二村
渔民村	渔农村	渔市	渔业村	渔业二村
渔业二大队	渔业一大队	渔一村	渔一新村	玉翠
玉湖	玉湖村	玉兰坊	玉律村	玉田村
芋地埔	裕民新村	元墩头村	元二村	元芬村
元岗	元径村	元三村	元山村	元屋村
元屋围	元一村	园墩头	园岭	园岭新村
源盛	远乡	远香	岳湖岗村	悦兴
悦兴围	悦兴围村	粤海门	粤海门村	云林

Z

早禾坑	灶下	灶下涌	斩茶口	张南风
张屋	张屋村	章阁村	章輋村	樟坑村
樟坑径上围	樟坑径下围	樟木头	樟輋	樟树布村
长湖头村	长湖围村	长坑村	长岭村	长岭皮
长龙	长隆	长守	长湾	长兴围
长源村	长圳村	嶂背村	嶂顶	蔗园埔
圳背	圳美村	圳埔岭村	止坑	正埔岭
正山甲	中坑村	中山里村	中屯村	中心
中心村	中心围	中心围村	中新	中兴
钟屋	钟屋村	仲光	朱古石村	朱洋坑
珠古石	珠光	珠洋坑	竹边新村	竹村
竹坑	竹坑乡	竹头背	竹头背村	竹元
竹园	竹子林	砖厂村	庄边村	庄屋

孖庙涌　　　　自由

二　香港部分地名录
（音序）

A

阿公湾	阿公岩	阿公岩柴湾	阿珠	埃利奥特湾
矮岗	爱晨径	爱德里	爱礼里	爱民村
爱明里	爱秩序村	安达臣宝琳	安达坊	安达中心
安定村	安国新村	安乐村	安乐里	安龙村
安荫村	昂船洲	昂平	昂坪	昂塘
昂窝	昂装	凹背塘	凹头	凹下
鳌磡	鳌磡沙	鳌磡石	鳌鱼头	坳背岭
坳背湾	坳门	坳鱼咀	奥运	澳贝龙村
澳朗村	澳头	澳仔	澳仔村	

B

八仙岭	八乡	扒皮鼓	拔子窝村	白富田
白鸽坑	白鹤洲	白角	白腊	白马咀
白芒	白泥	白排	白桥仔	白沙奥
白沙村	白沙台	白沙头	白沙湾	白沙洲
白石坑	白石窝	白田坝村	白田坝新村	白田村
白银乡	百福村	百胜角	百姓庙	百子里
班纳山	半见村	半山村	半山区	半山石
宝达邨	宝峰	宝乐坊	宝林	宝林村
宝塘下	宝乡坊	宝盈花园	波罗山	波罗咀
薄扶林村	伯公凹	伯公坳	伯公咀	博康村
博览馆	北港	北角	北角村	北角村里
北角旧村	北角咀	北角新村	北流仔	北区
北社新村	北潭凹	北潭涌	北塘	北湾
北围	北围村	贝澳旧村	贝澳新村	崩纱排
崩鼻洲	笔架洲	碧沙	壁屋	避风塘

槟榔湾	丙岗	布袋澳	布吉仔	

C

采颐花园	彩虹	彩虹邨	彩虹村	彩霞村
彩园村	彩云村	菜果岭	菜果洲	菜园村
蔡屋村	仓前岭	藏金洞	曹公坊	曹公潭
草场	草堆湾	草山	曾大屋	插桅杆
茶寮凹	差馆里	柴湾	昌华街	昌明街
昌荣路	昌盛径	昌泰街	昌新里	常安街
常丰里	常富街	常和街	常康街	常乐街
常绿径	常宁路	常仁港	常盛街	常硕路
常兴街	常怡	常怡道	常悦街	畅行道
畅行里	畅通道	畅运道	朝光街	潮音洞
车公庙	车湾	扯𥔵排	扯旗山	沉船湾
沉排	陈东里	陈屋	成安村	成都道
成和道	成和坊	成全路	成兴街	成业街休憩公园
茶果洲	茶果岭	茶果岭村	茶寮坳	春坎山
成运路	呈祥道	城河道	城皇街	城隍庙
城门道	城南道	程其坑	澄碧村	澄平街
橙花路	池旁路	池州	驰马径	豉油街
赤角头	赤经	赤马头	赤门	赤泥坪
赤沙	赤州	赤柱	赤柱岗	赤柱炮台
赤柱滩	崇安街	崇德街	崇和径	崇华街
崇基路	崇洁街	崇龄街	崇平街	崇谦堂
崇庆里	崇仁街	崇文街	崇贤里	崇信街
崇耀街	崇正新村	崇志街	抽水站	川背龙
川龙	穿龙门	串螺角咀	吹筒凹	春坎角
春坎湾	春田街	纯阳峰	慈云山	萃文里
翠林邨	草堆下	春坎角	春坎湾	船湾海

D

达摩洞	打鼓岭	打石湖	大安台	大坳门
大白角	大白咀	大包米	大赤门	大风拗
大环头	大角咀	大磡村	大坑村	大癞痢

大浪	大岭	大陇	大庙	大脑
大排	大坪	大埔	大埔仔坳	大埔仔村
大石	大滩	大潭郊野公园	大潭水塘北	大潭水塘南
大窝口	大鸦洲	大涌口	大园	丹桂村
丹拿山	淡水湾	德政围	低浦	迪斯尼
调景岭	东澳	东成里	东发道	东风㘭
东果洲	东楼	东庆	东湾	东心淇
东兴里	东丫	东叶坑	东涌	东涌㘭
栋心洲	独孤山	笃尾涌	杜云里	断颈
多石	吊手岩	吊草岩	吊灯笼	吊钟大山
吊钟洲	吊钟排	担水坑	担水径	担竿洲
担柴山				

E

蛾眉湾	鹅颈洲	二澳	二白坳	二白湾
二肚	二东山	二陂圳	二浪	二浪排
二浪湾	二排	二澳	二澳新村	二澳旧村
二澳口	二岭	二转		

F

飞鼠岩	废堡	分流	坟洲	粉岭
峰华村	冯家围	逢吉乡	凤凰芴	凤坑
佛手岩	芙蓉山	服亨村	福德公	复康会
富豪海湾	分流村	分流角	分流顶	佛堂角
佛堂门	佛堂洲	佛堂澳		

G

干坑	干门咀	港头村	港湾	高滩
歌连臣山	隔田	跟头㘭	弓洲	公仔湾
狗伸地	狗牙岭	谷埔	观塘	官坑
广田村	龟背湾	郭兴里	拐石	拐李峰
果老峰	果洲湾	高山村	高田磡	高地顶
高行	高流湾咀	高埔	高排	高莆
高塘	高塘口	岗下	岗背村	

H

海坝	海背岭	海胆口	海风径	海螺洞
海日楼	海星堂	海晏街	海怡半岛	禾径山
禾坑	禾葵里	何文田	和乐邨	河背
鹤咀	鹤薮道	鹤岩	横档	横岭坳
红花岭	红磡	红磡邨	红楼	红梅谷
红排	红山半岛	红石门	红水	红田
红鹰咀	宏丰台	洪圣庙	后海湾	厚德邨
厚丰里	候王庙	鲎地坊	狐狸叫	湖景村
蝴蝶村	蝴蝶谷	虎地	虎王洲	花坪
花屏	花园村	华富村	华光小筑	华贵村
华乐径	华荔径	华明村	华人行	华山
华盛村	华员村	环角径	环仔	皇后码头
黄大仙	黄金广场	黄金海岸	黄龄	黄泥洲
黄竹村	辉百苑	火炭	获嘉道	禾上坳
禾上墩	禾径山	禾堂背	禾塘江	禾塘岗
禾寮	禾寮坑			

J

交椅洲	吉澳	吉澳角	吉澳海	吉澳湾
尖山	尖尾峰	尖沙咀	尖柱石	尖洲
尖鼻咀	尖风山	夹万坑	夹螺角机场	榉树街
聚安里	钧乐新村	鸡鼻岩	鸡公头	鸡洲
吉澳	集古村	己连拿利	嘉禾里	嘉理
甲边郎	甲龙	尖沙咀	坚尼地台	江西街
将军澳	将军澳村	将军石	蕉径	觉士道
界咸	佘帝行	金督驰马径	金辉径	金马伦山
金明行	金文泰	金祥坊	金钟	金钟廊
金钟岩	锦庆围	锦山	锦田	近水湾
京街	井财	井头村	井头围	景林邨
景林村	径口	敬业里	九肚坑	九肚村
九宫塘	九华径	九龙	九龙塘	九龙湾
酒湾	旧金山径			

K

咖啡湾	康盛花园	壳子排	坑背	坑口
坑口北	坑尾村	恐龙坑	匡湖居	葵芳
葵俊苑	葵拗山	葵兴	葵涌	葵涌邨
葵涌街坊会				

L

垃圾湾	兰开夏道	蓝地	蓝塘	蓝田
蓝田村	烂角咀	浪径	浪茄	老虎坑
老人山	老围	乐成街	乐富	乐富村
乐古道	乐华村	乐林小筑	了哥岩	梨壁山
礼仁里	李屋村	鲤鱼门	立和村	丽得村
丽都湾	丽阁村	荔安里	荔景	荔枝角
连道	莲澳	莲花山	莲塘	良田村
梁辉台	梁屋村	两块田	寮肚	林村
林屋	临华街	灵山	岭皮	流浮山
流水	龙脊	龙坪	龙尾	鹿巢山
鹿颈村	鹿洲	鹿洲山	鹿洲村	鹿洲湾
鹿巢山	鹿巢坳	鹿湖	鹿湖峒	鹿颈
鹿颈山	鹿颈村	鹿颈湾	路德围	伦敦广场
罗湖	罗屋村	螺洲	洛克	林村谷
林村河	林屋围	梨头石		

M

妈角咀	妈湾	麻包岭	马鞍岗	马草垄
马角咀	马尿河	马山村	马屎洲	马塘拗
马头岭	马窝	马游塘村	麦屋	蛮窝
芒洲仔	猫眼洞	茅湖山	茅湖仔	玫瑰岗
梅窝	美孚	美禾围	美景花园	美景径
孟公屋	弥敦行	弥勒山	米埔新村	苗田
庙仔	明德邨	磨刀坑	磨洲	莫家
墨洲	木湖	木鱼山	木鱼洲	木棉山
米埔	米粉咀	米粉顶	马田村	马坑山
马尾下	马尿	马尿水	马背村	马草垄

马闪排村	马游塘	马塘坳	马腰	马窝
马鞍山	马鞍岗	马头角	马头峰	马头岭
马头围	马头环	马环村	马丽口坑	马湾
马湾涌	麻包岭	麻布尾	麻布村	麻雀塘
麻雀岭				

N

奶头	南安里	南边围	南昌	南昌村
南风山	南华蒲	南角咀	南咀	南朗
南里	南山	南塘	南湾	南围
南丫	南涌	难过水	泥涌	宁华
牛背窝	牛池湾	牛地	牛过田	牛栏咀
牛皮沙	牛屎湖	牛头角	牛头角上邨	
牛尾洲	牛押山	女婆山	牛尾洲	牛尾海
牛角山	牛角涌	牛角湾	泥涌	泥围
泥塘角				

O

欧公山

P

排门	畔峰	畔山径	跑马地	炮台里
炮台山	培成	培民村	沛荣里	彭家村
平朗	平面洲	平排	平洲	坪山
坪石邨	坪石坑	坪洲	屏昌径	屏富径
屏兴里	破边洲	菩提园	蒲飞径	蒲岭
普乐里	瀑布湾	排棉角村	排头路	

Q

七星岗	七木桥	奇力岛	崎洲	麒麟村
企壁山	企角头	企岭下海	企山	启德村
启业邨	启业村	起子湾	千代田	浅水湾
羌山	桥头村	秦石村	青福里	青华苑
青岭咀	青榕台	青山村	青盛苑	青松径
青衣	青洲	清凉里	清水湾	清水湾第二滩
清水湾第一滩	庆云径	琼山里	荃湾	清壁山

泉水井	荃锦坳	清快塘	清快	清潭

R

蚺蛇	稔湾	荣发里	荣华台	榕角

S

三白	三白坳	三白湾	三肚	三角咀
三星湾	三村	三家村	三圣村	三丫口
三洲门	扫杆埔	沙江村	沙江围	沙江围仔
沙角村	沙角尾	沙咀	沙咀新村	沙咀头
沙桥村	沙田岭	沙头	沙洲	沙石滩
沙岩头	沙埔	沙埔新村	沙埔旧村	沙埔村
沙埔岗	沙田	沙田坳	沙田围	沙田围新村
沙田头	沙田头新村	山贝	山翠苑大潭	山地塘
山塘	山下村	上环	上角	上水
上洋	筲箕湾	蛇石拗	蛇湾咀	深井村
深石村	深水埗	深湾	深圳河	圣保禄村
狮地山	十八乡	十间	石澳村	石澳大潭
石碑	石壁	石刻	石岗村	石鼓洲
石湖新村	石环	石坑	石榄洲	石梨
石篱村	石马	石门	石牛洲	石排
石涉村	石硖尾	石荫村	石仔湾	匙羹洲
匙洲	甩洲	水边村	水边村坑口	水坑
水排	水田村	水泉澳	水流田	水流坑
水站咀	水茫田	水蕉老围	水蕉新村	水头
顺安村	顺利村	沙头角	扫管埔	扫管滩
深水角	松岭	松山	苏屋村	深水排
深水湾	深坑沥	深屈	深涌	深涌村
深涌角	深涌湾	深笏	深笏湾	盛屋村
蛇湾山	蛇石坳	蛇地坑	蛇湾山	蛇湾角

T

塔门	太安楼	塘新村	太古	太和村
太平村	太平山	太子	泰安村	泰园渔村
唐公岭	堂围	塘坊村	淘大花园	天后

天后庙	天瑞村	天耀村	田景村	田下山
田下坳	田夫仔	田心	田尾山	田寮
田湾山	田龙	田边朗头洲	土瓜湾	铁矢山
铜锣湾	天光马头围	吐露港	屯门	

W

瓦窑头	湾仔	万佛寺	万茂台	万头咀
王角尾	往湾	往湾洲	辋井村	旺角
围内村	卫民村	文苑村	瓮缸村	窝美西贡公
窝田	乌龟石	乌溪沙	乌洲	吴家村
梧桐河	五分洲	五肚	五桂山	五块田
五鼓岭	午炮	物华街	尾排	往湾咀
乌石角	乌洲	乌洲塘	乌排	乌蛟腾
乌溪沙村	乌鸦落阳	乌鸦沙咀	望夫石	望后石
望东坑	望东湾	望鱼角	望渡坳	

X

西澳	西贡	西环村	西径	西楼角村
西山村	西湾	西湾河	西洋菜南街	西竹村
西贡	西高山	喜灵洲	喜鹊楼	孝子角
细排	细洲尾	细鸭洲	细山	下北村
下径	下葵涌村	下湾村	下洋	下洋新村
咸田村	显径村	相思湾	香馨里	响钟村
巷尾村	象山村	小坑村	小冷水	小西湾村
小青洲	小秀村	小赤沙	小马山	小贵湾
小稔洲	小鸦洲	小磡村	斜炮顶	欣澳
新成街	新翠村	新村	新界	新蒲岗康强街
新蒲岗四美街	新庆村	新山	新生村	新塘
新田村	新围村	兴东村	兴仁村	兴田村
欣澳笃	欣澳湾	杏花村	秀茂坪	秀茂坪邨
秀晖楼				

Y

丫洲	鸦洲	鸭仔湾	牙鹰洲	亚皆老街球场
马头涌	元朗	元岗	元墩下	元墩山

元岭	元岭仔	亚皆老街中电	亚妈湾	岩头
羊洲	杨屋村	洋洲	园洲	圆桌村
耀东村	乙明村	阴山	银池径	银河
银坑村	银线湾广场	银影	银洲	英明苑
永安村	涌沙顶	涌湾	油麻地	油塘
油塘村	游龙径	又一村	渔民新村	玉莲台
煜明苑	誉港湾太子东	亦园村	印洲	印洲塘
油柑头村	油麻地	油麻莆	油渣埔	油塘

Z

泽安村	鲫鱼涌	渣华	斩竹湾	兆兴里
针山	真光里	枕头洲	正民村	中环
中间澳	中区	中心里	钟山台	钟屋村
重华	洲头	竹新村	竹园村	孖洞
孖洲	钻石山	佐敦	佐敦谷	中峡
中围	中湾	中葵涌村	竹角	竹园
竹篙湾	忠信里	珠门田	砧板湾	张公山
张保仔洞	张屋地	张屋村	张屋围	斩竹湾

三　深圳市自然村落名录

（一）深圳市福田区自然村落名单

序号	街道	社区（股份公司）	自然村
1	南园街道	上步股份公司	巴登村
2			埔尾村
3			玉田村
4			沙埔头村
5			旧墟村
6			赤尾村
7	福田街道	环庆股份公司	福田村
8			岗厦村
9			皇岗村

续表

序号	街道	社区（股份公司）	自然村
10	福田街道	环庆股份公司	水围村
11			渔农村
12	沙头街道	上沙股份公司	上沙村
13		下沙股份公司	下沙村
14		沙咀股份公司	沙咀村
15		新洲股份公司	新洲村
16		沙尾股份公司	沙尾村
17	梅林街道	上梅林股份公司	上梅新村
18			祠堂村
19			荔园村
20		下梅林股份公司	围面村
21			下梅林村
22			河背村
23	华富街道	田面股份公司	田面村
24	莲花街道	下梅林股份公司	梅富村
25			布尾村
26			新狮村
27	福保街道	石厦股份公司	石厦村

（二）深圳市罗湖区自然村落名单

序号	街道	社区	自然村
1	黄贝	黄贝	黄贝岭村
2		新秀	新湖村
3		罗芳	罗芳村
4	南湖	渔邨	渔民村
5		向西	向西村
6		罗湖	罗湖村
7	桂园	新围	蔡屋围村
8	东门	湖贝	湖贝村
9		赛龙	赛龙村

续表

序号	街道	社区	自然村
10	笋岗	笋岗	笋岗村
11		田心	田心村
12		田贝	田贝村
13	清水河	草埔西	鹤围村
14			清水河村
15			章輋村
16		泥岗	泥岗村
17	翠竹	水贝	水贝村
18		新村	水库新村
19	东晓	独树	独树村
20		草埔东	吓围村
21			新屋吓村
22			吓屋村
23	东湖	布心	布心村
24			水围村
25		大望	新田村
26			新平村
27			大望村
28		梧桐山	赤水洞村
29			禾塘光村
30			横排岭村
31			虎竹吓村
32			坑背村
33			茂仔村
34			塘坑仔村
35	莲塘	莲塘	莲塘村
36		坳下	坳下村
37		长岭	长岭村
38		西岭	西岭村

（三）深圳市南山区自然村落名单

序号	街道	社区	自然村
1	南头	南头城	九街村（南头城）
2	南头	大旺山	巷头村
3	南头	田厦	田下村
4	南头	田厦	常兴村
5	南头	田厦	仓前村
6	南头	大新村	大新村
7	南头	大新村	冲下村
8	南头	大新村	龙屋村
9	南头	大新村	关口村
10	南头	红花园	一甲村
11	南山	北头	北头村
12	南山	南光	南光村
13	南山	向南	向南村
14	南山	南园	南园村
15	南山	南山	南山村
16	西丽	新围	新围村
17	西丽	新围	留仙洞村
18	西丽	新围	官龙村
19	西丽	新围	九祥岭村
20	西丽	白芒	白芒村
21	西丽	白芒	牛成村
22	西丽	曙光	文光村
23	西丽	曙光	茶光村
24	西丽	大磡	大磡一村
25	西丽	大磡	大磡二村
26	西丽	大磡	王京坑村
27	西丽	麻磡	麻磡村
28	沙河	沙河街	上白石村
29	沙河	沙河街	下白石村
30	沙河	新塘	新塘村

续表

序号	街道	社区	自然村
31	沙河	星河街	塘头村
32		白石洲东	白石洲村
33	蛇口	湾厦	湾厦村
34		海湾	海湾村
35		南水	南水村
36		大铲	大铲村
37		东湾	东湾村
38		渔一	渔一村
39		渔二	渔二村
40	招商	水湾	水湾头村
41		赤湾	赤湾村
42	粤海	大冲	阮屋村
43			吴屋村
44			大冲村
45		后海	后海村
46		粤桂	桂庙新村
47			粤海门村
48	桃园	长源	长源村
49		塘朗	塘朗村
50		平山	平山村
51		福光	福光村

（四）深圳市盐田区自然村落名单

序号	街道	社区	自然村
1	沙头角街道	沙头角社区	径口村
2			元墩头村
3		田心社区	恩上村
4		东和社区	官路吓村

续表

序号	街道	社区	自然村
5	海山街道	梧桐社区	沙井头村
6			暗径村
7			叶屋村
8	盐田街道	盐田社区	沙头村
9			渔村
10			华侨新村
11			山边村
12			墟镇
13		沿港社区	三洲田村
14			黄必围
15			鸿安围（含老围、新围）
16			西山吓村
17		东海社区	社排上围
18			社排下围
19			小布村
20		明珠社区	朝阳围
21			江屋村
22			石头围
23			三村新围
24			三村吓围
25			三村老围
26			龙眼园
27			南山
28		永安社区	老塘
29			圫背
30			西禾树
31			伯公树
32			四村新围

续表

序号	街道	社区	自然村
33	梅沙街道	大梅沙社区	大梅沙村
34		小梅沙社区	小梅沙村
35	中英街管理局	中英街社区	沙栏吓村

（五）深圳市宝安区自然村落名单

序号	街道	社区	自然村
1	新安街道	上合社区	上合村
2		翻身社区	翻身村
3		安乐社区	安乐村
4		甲岸社区	甲岸村
5	西乡街道	鹤洲社区	鹤洲村
6		后瑞社区	后瑞村
7		黄田社区	黄田村
8		钟屋社区	钟屋村
9		草围社区	草围村
10		三围社区	三围村
11		九围社区	九围村
12		黄麻布社区	黄麻布村
13		固戍社区	固戍村
14		南昌社区	南昌村
15		共乐社区	共乐村
16		乐群社区	乐群村
17		盐田社区	盐田村
18		河东社区	河东村
19		河西社区	河西村
20		臣田社区	臣田村
21		庄边社区	庄边村
22		凤凰岗社区	凤凰岗村
23		铁岗社区	铁岗村

续表

序号	街道	社区	自然村
24	西乡街道	流塘社区	流塘村
25		径贝社区	径贝村
26		麻布社区	麻布村
27		劳动社区	劳动村
28		渔业社区	渔业村
29		蚝业社区	蚝业村
30		西乡社区	西乡村
31		永丰社区	永丰村
32	福永街道	兴围社区	兴围村
33		福围社区	福围村
34		怀德社区	怀德村
35		白石厦社区	白石厦村
36		福永社区	福永村
37		新和社区	新和村
38		桥头社区	桥头村
39		和平社区	和平村
40		塘尾社区	塘尾村
41		新田社区	新田村
42		稔田社区	稔田村
43		凤凰社区	凤凰村
44	沙井街道	垄岗社区	垄岗村
45		新桥社区	新桥村
46		新二社区	新二村
47		上星社区	上星村
48		上寮社区	上寮村
49		黄埔社区	黄埔村
50			洪田村
51			南洞村
52		蚝一社区	蚝一村
53		蚝二社区	蚝二村

续表

序号	街道	社区	自然村
54	沙井街道	蚝三社区	蚝三村
55		蚝四社区	蚝四村
56		辛养社区	辛养村
57		万丰社区	万丰村
58		沙一社区	沙一村
59		沙二社区	沙二村
60		沙三社区	沙三村
61		沙四社区	沙四村
62		东塘社区	东塘村
63		衙边社区	衙边村
64		共和社区	共和村
65		步涌社区	步涌村
66		后亭社区	后亭村
67		民主社区	三间仔
68			德围村
69			石围村
70		沙头社区	沙头村
71		和一社区	和一村
72			和二村
73		大王山社区	大王山村
74		马安山社区	马安山村
75		蓤塘社区	蓤塘村
76	松岗街道	花果山社区	松岗老街（花果山）村
77		松岗社区	松岗（山尾）村
78		楼岗社区	楼岗村
79		沙浦围社区	沙浦围村
80		东方社区	东方村
81		红星社区	红星村
82		罗田社区	罗田村
83		溪头社区	溪头村

续表

序号	街道	社区	自然村
84	松岗街道	江边社区	江边村
85		碧头社区	碧头村
86		山门社区	上山门村
87			下山门村
88		洪桥头社区	洪桥头村
89		塘下涌社区	塘下涌村
90		潭头社区	潭头村
91		沙浦社区	沙浦村
92		燕川社区	燕川村
93		朗下社区	朗下村
94	石岩街道	石龙社区	石龙仔村
95		水田社区	水田村
96			三祝里村
97		官田社区	官田村
98			黎光村
99			塘坑村
100		上屋社区	上下屋村
101			田心村
102			元径村
103			园岭村
104			坑尾村
105		龙腾社区	石岩墟
106			下排村
107			上排村
108			径贝村
109		浪心社区	浪心村
110			砖厂村
111			料坑村
112			麻布村
113		罗租社区	罗租村

续表

序号	街道	社区	自然村
114	石岩街道	罗租社区	龙眼山村
115		塘头社区	塘头村
116		应人石社区	应人石村

注：此表为2015年年底普查工作节点的情况，其后宝安区6个街道拆分为10个街道，增设了航城、福海、新桥、燕罗4个街道，自然村的数量和名称未变。

（六）深圳市龙岗区自然村落名单

序号	街道	社区	自然村
1	平湖街道	平湖社区	大围村
2			松柏围村
3			新祠堂村
4		山厦社区	山厦村
5		上木古社区	上木古村
6		鹅公岭社区	鹅公岭村
7		白坭坑社区	白坭坑村
8		新木社区	新村
9			老村
10			新围仔村
11		良安田社区	良安田村
12			大松园村
13		新南社区	新屋村
14			荔枝岭村
15			旧圩村
16			简头岭村
17			新园村
18			红朱岭村
19		力昌社区	力元吓村
20			述昌围村
21		禾花社区	水门村
22			任屋村

续表

序号	街道	社区	自然村
23	平湖街道	凤凰社区	丕元村
24			北门坳村
25			新村
26			九巷村
27			元屋村
28			前进村
29		辅城坳社区	大岭厦村
30			新围村
31			高园村
32			旧村
33			岐岭村
34			岐岭六村
35	布吉街道	布吉社区	格塘村
36			一村村
37			李屋村
38			何屋村
39			老圩村
40		南三社区	南上村
41			南下村
42			三圳村
43		木棉湾社区	木棉湾村
44		大芬社区	大芬村
45		水径社区	细靓村
46			大靓村
47			石龙坑
48			大坡头村
49			上水径村
50			下水径村
51	坂田街道	三联社区	禾沙坑村
52			松元头村

续表

序号	街道	社区	自然村
53	坂田街道	三联社区	塘径村
54		甘坑社区	甘坑村
55			凉帽村
56		岗头社区	禾坪岗村
57			中心围村
58			凤门坳村
59			新围仔村
60			马蹄山村
61		杨美社区	杨美村
62		坂田社区	坂田村
63		马安堂社区	新围仔村
64			禾塘光村
65			河背村
66		五和社区	光雅园村
67			大光勘村
68			和磡村
69		雪象社区	上雪村
70			下雪村
71			象角塘村
72		南坑社区	南坑村
73		大发埔社区	大发埔村
74	南湾街道	上李朗社区	上李朗村
75		下李朗社区	下李朗村
76		丹竹头社区	丹竹头村
77		南岭村社区	南岭村村
78		沙塘布社区	沙塘布村
79		樟树布社区	樟树布村
80		吉厦社区	吉厦村
81		厦村社区	厦村村

续表

序号	街道	社区	自然村
82	横岗街道	六约社区	深坑村
83			麻地村
84			塘坑村
85			埔厦村
86			牛始埔村
87			大和村
88			龙塘村
89		横岗社区	上围村
90			新光村
91			南塘村
92			和悦村
93			坝心村
94		四联社区	排榜村
95			茂盛村
96			新塘坑村
97			贤合村
98		西坑社区	一村
99			二村
100			三村
101		安良社区	五村
102			六村
103			七村
104			八村
105		大康社区	莘塘村
106			上中村
107			龙村
108			下中村
109			大凤村
110			大万村
111			福田村

续表

序号	街道	社区	自然村
112	横岗街道	保安社区	吉溪村
113			永湖村
114			水浸围村
115			新坡塘村
116			马竹村
117			旱塘村
118			独竹村
119			窝肚村
120			坳一村
121			坳二村
122		荷坳社区	荷坳村
123	龙岗街道	龙岗社区	杨梅冈村
124			沙梨园村
125			格水村
126			石湖村
127			梁屋村
128			上圩村
129			市区村
130			后尾坜村
131			福和村
132			洪围村
133			萝卜坝村
134			吓埔村
135		南联社区	罗瑞合村
136			巫屋村
137			圳埔岭村
138			向前村
139			刘屋村
140			邱屋村
141			黄龙塘村

续表

序号	街道	社区	自然村
142	龙岗街道	南联社区	龙溪村
143			水口村
144			黄龙坡村
145			吓岗一村
146			吓岗二村
147			银珠村
148			麻村
149			简村
150			简二村
151			昔安村
152		南约社区	炳坑村
153			联和村
154			水一村
155			水二村
156			积谷田村
157			马桥村
158			大行村
159			汉田村
160			大浪村
161		新生社区	仙人岭村
162			低山村
163			田祖上村
164			车村
165		龙东社区	陈源盛村
166			新大坑村
167			上井村
168			吓井村
169			三和一村
170			三和二村
171			石湖龙村

续表

序号	街道	社区	自然村
172	龙岗街道	龙东社区	大埔村
173			赤石岗村
174		龙新社区	兰水坐村
175			沙背坜村
176			桥背村
177			吓埔村
178			新塘围村
179			大围村
180		同乐社区	黄屋村
181			金钱凹赖屋村
182			水流田村
183			企岭村
184			其面村
185			老太坑村
186			坑尾村
187		同心社区	阳和浪村
188			丰顺村
189			长湖围村
190			榕树吓村
191			丁甲岭村
192			新布村
193		同德社区	吓坑村
194			池屋村
195			浪背村
196	龙城街道	爱联社区	太平村
197			田寮村
198			崋吓村
199			西湖村
200			陂头背村
201			建新村

续表

序号	街道	社区	自然村
202	龙城街道	爱联社区	前进村
203		盛平社区	杨屋村
204			陈屋村
205			徐屋村
206			郭屋村
207			田段心村
208			松子岭村
209			荔枝园村
210			官新合村
211			松元角村
212			郭尾村
213		回龙埔社区	老围村
214			上角环村
215			松元头村
216		龙红格社区	龙口村
217			红旗村
218			格坑村
219		嶂背社区	嶂背村
220		新联社区	新屯村
221			蒲排村
222			石火村
223		吉祥社区	岗贝村
224			新西村
225			老西村
226		黄阁坑社区	大围村
227			麻沙村
228			白灰围村
229			新秀新村
230		五联社区	朱古石村
231			瓦窑坑村

续表

序号	街道	社区	自然村
232	龙城街道	五联社区	协平村
233			竹头背村
234			岭背坑村
235			黄龙湖村
236			中坑村
237			将军帽村
238			上寮村
239			上吓山村
240			下寮村
241			百坳村
242			杉坑村
243			蕉湖村
244		龙西社区	陂头肚村
245			务地埔村
246			白沙水村
247			玉湖村
248			新联村
249			石溪村
250			老围村
251			李屋村
252			对面岭村
253			楼吓村
254	坪地街道	坪西社区	澳头村
255			新屋场村
256			花园村
257			香元村
258			高桥村
259		中心社区	岳湖岗村
260			白石塘村
261			山塘尾村

续表

序号	街道	社区	自然村
262	坪地街道	中心社区	黄竹村
263			石灰围村
264		六联社区	罗屋村
265			老围村
266			黎屋村
267			鹤坑村
268			石碧村
269			吉坑村
270			老香村
271			新香村
272			刘屋村
273		坪东社区	西湖塘村
274			富地岗村
275		年丰社区	渡头围村
276			矮岗村
277			水背村
278			横岭村
279		四方埔社区	四方埔村
280			牛眠岭村
281			马塘村

注：此表为2015年年底普查工作节点的情况，其后龙岗区8个街道拆分为11个街道：将布吉、横岗、龙岗、龙城4个街道，分设为布吉、吉华、横岗、圆山、龙岗、龙城、宝龙7个街道，自然村的数量和名称未变。

（七）深圳市坪山区自然村落名单

序号	街道	社区	自然村
1	坪山办事处	六和	飞东
2			飞西
3			正坑
4			山吓

续表

序号	街道	社区	自然村
5	坪山办事处	六和	甲片
6			新和
7		六联	丰田
8			澳子头
9			浪尾
10			坪山围
11			横岭塘
12			珠洋坑
13			洋母帐
14		坪环	牛角龙
15			黄沙坑
16			大万村
17			曾屋
18			老围
19			禾学
20			禾场头
21		碧岭	上沙
22			下沙
23			碧岭围
24			榕树背
25			新社
26			安田
27			沙绩
28			新作坡
29			永仁陂
30		汤坑	石楼围
31			油社
32			赤子香
33			乌坭浪
34			老围

续表

序号	街道	社区	自然村
35	坪山办事处	汤坑	茜坑
36			张屋
37			拔头吓
38			对门岭
39			高另
40			汤星
41			楼角
42		沙湖	黄一
43			黄二
44			谢屋
45			卢屋
46			新屋
47			上榨
48			吓榨
49			文新
50			复兴
51			沙湖
52		马峦	红花岭
53			新民
54			建和
55			老围
56			光背
57			径子
58		江岭	三河
59			长守
60			竹元
61			江边
62			远香
63			石灰陂
64			果元背

续表

序号	街道	社区	自然村
65	坪山办事处	沙坣	沙坣
66			陈屋
67			彭屋
68			龙兴
69			新屋
70			青草林
71			新村
72			谷仓吓
73		石井	石井
74			横塘
75			石陂头
76			李屋
77			岭脚
78			草埔
79			望牛岗
80			老屋
81			井子吓
82			田头埔
83			上屋
84			下屋
85			太阳
86		金龟	新塘
87			田作
88			半坝
89			金地
90			同石
91			坪头岭
92			金成
93		田头	新曲
94			上村

续表

序号	街道	社区	自然村
95	坪山办事处	田头	老围
96			矮岭
97			马安岭
98			求水岭
99		田心	水祖坑
100			散屋
101			新屋地
102			新联
103			对面喊
104			树山背
105			罗谷
106			杜岗岭
107			上洋
108		竹坑	罗庚丘
109			竹坑
110			三栋
111			黄坯元
112			沙梨元
113			河唇
114			老围
115			石湖
116			新开
117			上坝
118			茜坑
119		南布	南布
120		坪山	中兴
121			学湖浪
122			龙背
123			三洋湖
124		和平	黄果坜

续表

序号	街道	社区	自然村
125	坪山办事处	和平	马东
126			马西
127	坑梓办事处	坑梓	利民新村
128			文化新村
129			裕民新村
130			湖心新村
131		秀新	沙梨园
132			新乔围
133			新村
134			东二
135			东一
136			草堆岭
137			禾场吓
138			城外
139			城内
140		老坑	西坑
141			三角楼
142			井水龙
143			松子坑
144			盘古石
145			东坑
146		金沙	新横
147			长隆
148			青排
149			卢屋
150			东联
151			荣田
152			薛屋
153			龙山

续表

序号	街道	社区	自然村
154	坑梓办事处	沙田	田脚
155			围角
156			李中
157			昂俄
158			上廖
159			下廖
160		龙田	大水湾
161			田段心
162			石陂头
163			牛背
164			牛湖
165			吓田
166			龙湖
167			新屋
168			大窝
169			大塘
170			下陂

注：此表为2015年年底普查工作节点的情况，其后坪山新区改为坪山区，由原来坪山、坑梓2个办事处拆分为坪山、马峦、碧岭、石井、坑梓、龙田6个街道，自然村的数量和名称未变。

（八）深圳市龙华区自然村落名单

序号	街道	社区	自然村
1	观湖办事处	观城社区	大和村
2			田寮村
3			岗头东王村
4			岗头陈屋村
5			岗头福田村
6			横坑河东村

续表

序号	街道	社区	自然村
7	观湖办事处	观城社区	横坑河西村
8			马圳老一村
9			马圳老二村
10			马圳大屋村
11		新田社区	老一村
12			老二村
13			老三村
14			老四村
15			元一村
16			元二村
17			元三村
18			吉坑村
19			牛轭岭村
20			田心村
21			谷一村
22			谷二村
23		樟坑径社区	上围村
24			下围村
25			白鸽湖村
26			长坑村
27		松元厦社区	向西村
28			中心村
29			福楼村
30			太兴村
31			上围村
32			河南村
33			大布村
34	观澜办事处	新澜社区	古墟村
35			大布巷村
36			围仔呃村

附录二 地名录 163

续表

序号	街道	社区	自然村
37	观澜办事处	新澜社区	三栋屋村
38		桂花社区	贵湖塘村
39			新放岭村
40			溪蚌岭村
41			大联坪村
42			大湖村
43		库坑社区	库坑村
44			陂头吓村
45		黎光社区	黎光村
46		牛湖社区	牛湖老村
47			牛湖新村
48			石马径村
49		君子布社区	田心老围
50			张屋村
51			凌屋陈屋村
52		大水田社区	大水田村
53	龙华办事处	华联社区	郭吓村
54			老围村
55			墩背村
56			河背村
57			牛地埔村
58		三联社区	弓村村
59			狮头岭村
60			山咀头村
61		清湖社区	清湖村
62		油松社区	上油松村
63			下油松村
64			水斗老围村
65			水斗新围村
66		松和社区	共和新村

续表

序号	街道	社区	自然村
67	龙华办事处	松和社区	瓦窑排新村
68			伍屋村
69	民治办事处	民治社区	沙吓村
70			沙元埔村
71		大岭社区	松仔园村
72		新牛社区	牛栏前村
73		民强社区	东边村
74			向南村
75			塘水围村
76			水尾村
77			樟坑村
78		龙塘社区	民乐村
79			简上村
80			龙塘村
81		民新社区	横岭村
82			白石龙村
83		上芬社区	东一村
84			东二村
85			西头村
86			龙屋村
87	福城办事处	福民社区	冼屋村
88			狮径村
89			悦兴围村
90			丹坑村
91			长湖头村
92			塘前村
93		章阁社区	章阁村
94		茜坑社区	茜坑新村
95			茜坑老村
96			田背村

续表

序号	街道	社区	自然村
97	福城办事处	茜坑社区	楠木峯村
98			江围村
99			松元围村
100			竹村
101			武馆村
102		大水坑社区	大水坑村
103			桔岭老村
104			桔岭新村
105			新塘村
106	大浪办事处	下岭排社区	下岭排
107		上岭排社区	上岭排
108		上早禾坑社区	上早禾坑
109		下早禾坑社区	下早禾坑
110		黄麻埔社区	黄麻埔村
111		浪口社区	浪口村
112		罗屋围社区	罗屋围村
113		石凹社区	石凹村
114		水围社区	水围村
115		新围社区	新围村
116		下横朗社区	下横朗村
117		上横朗社区	上横朗村
118		陶吓村社区	陶吓村
119		龙胜社区	龙胜村
120		赤岭头社区	赤岭头
121		鹊山社区	鹊山村
122		元芬社区	元芬村
123		谭罗社区	谭罗村
124		三合社区	三合村
125		赖屋山社区	赖屋山村

注：此表为2015年年底普查工作节点的情况，其后龙华新区改为龙华区，办事处改为街道，自然村的数量和名称未变。

（九）深圳市光明区自然村落名单

序号	街道	社区	自然村
1	公明办事处	田寮社区	田寮村
2		塘尾社区	塘尾村
3		将石社区	将围村
4			新围村
5			石围村
6			塘下围村
7			大围村
8			南庄村
9			上石家村
10			下石家村
11		上村社区	东边头村
12			上辇村
13			下辇村
14			元山村
15			上南村
16			下南村
17			永南村
18			永北村
19		下村社区	下村村
20		楼村社区	楼村村
21		西田社区	西田村
22		合水口社区	上屯村
23			中屯村
24			下屯村
25		薯田埔社区	薯田埔村
26		玉律社区	玉律村
27		长圳社区	长圳村
28		李松蓢社区	李松蓢村
29		塘家社区	张屋村
30			曾屋村

续表

序号	街道	社区	自然村
31	公明办事处	马山头社区	马山头村
32		根竹园社区	根竹园村
33		东坑社区	东坑村
34		红星社区	红星村
35		甲子塘社区	甲子塘村
36	光明办事处	迳口社区	迳口村
37		白花社区	白花洞村
38		东周社区	木墩村
39		碧眼社区	碧眼村
40		圳美社区	圳美村
41		新羌社区	羌下村
42			新陂头村
43		凤凰社区	凤凰村
44			红坳村

注：此表为2015年年底普查工作节点的情况，其后光明新区2个办事处拆分为光明、公明、新湖、凤凰、玉塘、马田6个办事处，自然村的数量和名称未变。

（十）深圳市大鹏新区自然村落名单

序号	街道	社区	自然村
1	葵涌办事处	高源社区	深水出村
2			高圳头村
3			高源谭屋村
4		官湖社区	官湖村
5		葵丰社区	丰树山村
6			横头村
7			黄榄坑村
8			葵丰欧屋村
9			上角村
10			石场村

续表

序号	街道	社区	自然村
11	葵涌办事处	葵丰社区	双伍村
12			松树村
13			屯围村
14			新村岭村
15		葵新社区	白石岗村
16			葵新新围村
17			澳头村
18			东门村
19			虎地排村
20			葵新张屋村
21		三溪社区	三溪曾屋村
22			福田村
23			三溪黄屋村
24			上禾塘村
25			石碑村
26			围之布村
27			下禾塘村
28			三溪新屋仔村
29			油榨村
30			三溪中新村
31		土洋社区	沙鱼涌村
32			土洋村
33		溪涌社区	洞背村
34			上洞村
35			溪涌村
36			盐村
37		坝光社区	坝光李屋村
38			楼角村
39			石鼓墩村
40			山下村

续表

序号	街道	社区	自然村
41	葵涌办事处	坝光社区	西乡村
42			坝光村
43			洞梓村
44			盐灶村
45			产头村
46			高大村
47			坪埔村
48			横山村
59			澳子吓村
50			田寮吓村
51			双坑村
52			白沙湾村
53			坝光老屋村
54	大鹏办事处	鹏城社区	较场尾村
55			松山村
56			田心村
57			乌冲村
58			大鹏古城
59		王母社区	大鹏山庄村
60			王桐山村
61			王屋巷村
62			上圩门村
63			中山里村
64			王母围村
65			黄岐塘村
66			石禾塘村
67		布新社区	布锦村
68			布新新屋园村
69			南坑埔村
70			水贝村

续表

序号	街道	社区	自然村
71	大鹏办事处	布新社区	石桥头村
72	大鹏办事处	水头社区	石角头村
73	大鹏办事处	水头社区	水头村
74	大鹏办事处	水头社区	龙岐村
75	大鹏办事处	水头社区	龙岐沙埔村
76	大鹏办事处	下沙社区	下沙上围村
77	大鹏办事处	下沙社区	下沙下围村
78	大鹏办事处	下沙社区	下沙高屋围村
79	大鹏办事处	下沙社区	油草棚村
80	南澳办事处	东涌社区	冲街村
81	南澳办事处	东涌社区	大石理村
82	南澳办事处	东涌社区	东涌大围村
83	南澳办事处	东涌社区	东涌沙岗村
84	南澳办事处	东涌社区	东涌上围村
85	南澳办事处	南隆社区	半天云村
86	南澳办事处	南隆社区	大龙村
87	南澳办事处	南隆社区	鹅公村
88	南澳办事处	南隆社区	南三村
89	南澳办事处	南隆社区	沙坑村
90	南澳办事处	南隆社区	上企沙村
91	南澳办事处	南隆社区	畲吓村
92	南澳办事处	南隆社区	下企沙村
93	南澳办事处	南隆社区	枫南村
94	南澳办事处	西涌社区	格田村
95	南澳办事处	西涌社区	鹤薮村
96	南澳办事处	西涌社区	南社村
97	南澳办事处	西涌社区	西涌沙岗村
98	南澳办事处	西涌社区	西贡村
99	南澳办事处	西涌社区	西洋尾村
100	南澳办事处	西涌社区	西涌新屋村

续表

序号	街道	社区	自然村
101	南澳办事处	西涌社区	芽山村
102		新大社区	碧洲村
103			大岭吓村
104			欧书元村
105			坪山仔村
106			上横岗村
107			下横岗村
108			新圩村
109			新大新屋仔村
110			枫新村
111		南渔社区	南渔村
112		东渔社区	东渔村
113		水头沙社区	水头沙村
114		东山社区	大碓村
115			沙林棚村
116			东山梁屋下村
117			东山村
118			高岭村
119			荔枝山村
120			东山沙埔村
121			杨梅坑村

附录三

深圳市地名总体规划草案

第一章 总则

第一条 编制目的

为适应社会经济发展、城市管理、社会生活和国际交往的需要，实现地名的规范化、层次化及保护和弘扬地名文化，根据国家、广东省及深圳市的有关法律、法规和相关城市规划成果，结合本市实际，制定本规划。

第二条 法律效力

本规划是深圳市地名命名和地名管理的法定指导性文件。凡在本市行政区范围内，确定主干道及以上等级的道路、桥梁、隧道、轨道交通线、城市公园和郊野公园等地理实体名称的相关活动和事项时，都应执行本规划。编制地名分区规划和地名专项规划时，必须遵循本规划制定的原则和要求。

第三条 规划范围

本次地名总体规划的规划范围覆盖深圳市行政区的范围。

第四条 规划期限

本次地名总体规划确定的规划期限，与《深圳市城市总体规划（2007—2020）》保持一致，即为2007—2020年。

第五条 规划依据

本次规划的主要依据包括：

（一）《地名管理条例》《地名管理条例实施细则》《广东省地名管理规定》《深圳市地名管理条例》等法规；

（二）《深圳市城市总体规划（2007—2020）》《深圳市基本生

态控制线管理规定》《深圳市组团分区规划》《深圳市空间信息统一基础网格技术指引》等规划成果；

（三）《深圳市地名志》（1986）、《深圳市地名普查资料汇编》（1996）等地名资料；

（四）《新安县志》（嘉庆版）等城市历史资料；

（五）《深圳市1∶2000地形图》（1965年版和1984年版）、《深圳行政区划图》（1981年、1983年、1987年、1992年、2000年、2003年版）、《深圳市区街道地图集》（2004年12月版）、《深圳城区图》（2005年版）、《深圳市写真地图集》（2002年版和2007年版）等地理资料。

第二章　规划目标与原则

第六条　规划对象与内容

地名总体规划包括以下内容：

（一）构建城市地名系统；

（二）明确地名的区块空间布局及其命名指引；

（三）划分区片，并梳理与系统化完善区片名称；

（四）梳理并规划轨道交通线、快速路、主干路、桥梁及隧道的名称；

（五）梳理并规划市、区级开敞空间的名称；

（六）确定老地名及历史地名的保护原则。

第七条　规划目标

通过地名的系统化、层次化、规范化和多元文化性的建设，形成简洁明了、易记好找、具有延续性和地方特色的国际化城市的地名体系。

（一）地名的规范性

构成形式规范。

除区片名称、门牌号、楼牌号、单元号和户室号外，地名应由专名和通名两部分构成。

一地一名。

地名应遵循一地一名的原则。一地多名的，应当进行标准化处理，确定唯一的名称和用字。

避免重名、同音。

全市范围内同类地名的专名不得重名，并避免同音、近音。

名实相符。

地名通名用字应能真实地反映其实体的属性类别，并且同类地名的通名不得重叠使用。

派生地名与主地名相协调。

派生地名应与当地主地名在空间位置、用词上相互协调。

地名含义健康。

地名用词应含义健康，体现多元文化特色，但不得使用有损国家主权、民族尊严和领土完整，带有民族歧视性的字词，不得使用违背社会公序良俗原则或可能产生其他社会不良影响的字词，不使用容易产生歧义、易导致使公众混淆的字词命名地名；一般不以人名以及公众熟知的、有固定中文译法的外国地名命名。

采用规范汉字。

除门牌号、楼牌号、单元号、户室号可使用阿拉伯数字外，地名应使用规范汉字，不得使用外文、阿拉伯数字、繁体字、异体字、自造字、标点符号命名地名。

（二）地名的系统性与层次化

1. 结合城市行政管理区划、城市功能空间分布及传统历史文化区片的发展变迁，在全市空间范围内，将各级各类地名以地理实体的空间位置关系为基础，按照面状、线状、点状等不同层面梳理并建立地名之间的逻辑关系，以形成层次分明的地名系统。

2. 通过地名通名层次体系的构建与规范，以及相关类型地名专名指位逻辑性的建立与明确，在各类地名中建立清晰的等级序列。

（三）地名的多元文化性

地名应反映城市文化的开放性和包容性，并重点体现城市文化的历史特色和地方特色。

第八条　规划原则

（一）实用性原则

形成地名空间分布的规律，建立并整合不同类型、不同层次之间地名的关系，形成易读易写、易记好找的地名。

（二）稳定性原则

地名的命名和更名应从现状出发，尊重历史，保护地名的历史沿革和社会习惯等特性，以保持地名的相对稳定性。

（三）整体性和层次化原则

兼顾不同层面和不同形状的各类地名，并形成层次清晰的地名体系。

（四）局部与整体相衔接的原则

以地名系统为整体，各类、各层面的地名的形式、历史文化含义应与整体相衔接。

（五）新区规划与老区优化相协调的原则

新区地名应注重与老区地名在层次体系、用字和文化特色上的协调。

（六）文化多元性和历史延续性原则

体现城市多元化的文化特色，与地方的历史文化和社会传统紧密结合，保护并延续地名的历史特色和地方特色。

第三章　构建地名系统的规划策略

第九条　构建地名系统的原则

（一）与城市规划相协调，反映城市功能空间布局；

（二）面状、线状和点状地名有机结合，形成有序性的地名群体；

（三）与现状城市地名环境和谐一致，体现城市地名发展特点。

第十条　构建全市地名系统的要素

（一）面状要素地名

以城市行政区划为主，兼顾城市管理分区，形成行政区、街区两级的面状地名要素集合。

全市范围内按城市行政区划形成福田区、罗湖区、南山区、盐田区、宝安区、龙岗区6个地名区块。

（二）线状要素地名

城市高速公路、公路、快速路、主干道、轨道交通线、城市绿廊、河流水系等名称是构成城市骨架的主要线状要素地名。

全市范围内公路及高等级城市道路要素主要包括：11条高速公路（均已命名）、40条快速路（33条已命名+7条未命名）、322条主干道（60条已命名+262条未命名）等，轨道交通线路主要包括现状、在建和规划拟建的16条线路，以及现存使用的31条主要河流。

（三）点状要素地名

重要的城市点状地名要素主要包括市、区级广场、公园等开敞空间，以及港口、机场、火车站、立交桥、隧道等道路交通设施的地名。

全市范围内，点状地名要素主要包括46个开敞空间、1个机场、6个港区、2座铁路客运站、73座立交桥等地名。

第四章　地名空间布局指引

第十一条　地名空间布局的基本原则

（一）延续地方文化、历史和社会使用习惯；

（二）与城市功能、区域性人文地理环境相协调；

（三）区块布局保持相对的稳定性。

第十二条　福田区地名布局指引

（一）应维持并进一步清晰、强化老地名区片格局，尽量保留老地名，挖掘具有特色的老地名并派生利用。尤其是在旧城区及城中村改造时应坚持这一原则。该组团的老地名包括：上步、下步、沙尾、沙嘴、上沙、下沙、赤尾、岗厦、石厦、皇岗、沙埔头、巴登等；

（二）市民广场、中心区一带应尽量采用体现深圳地方特色和国际都市特征的词语；

（三）梅林、景田等区片内地名已形成一定规律的地区，应尽量延续其原有的地名特色；

（四）具体命名指引略。

第十三条　罗湖区地名布局指引

（一）应维持并进一步清晰、强化老地名区片格局，尽量保留老地名、挖掘具有特色的老地名并派生利用。尤其是在旧城区及城中村改造时应坚持这一原则。该组团的老地名包括：笋岗、泥岗、黄贝、湖贝、田贝、水贝、东门等；

（二）东门老街和深圳火车站一带是记载深圳历史的重要地方，又是对外的窗口，地名采词须结合周边地名的规律，反映"老深圳"的特色；

（三）笋岗、莲塘等区片内地名已形成一定规律的地区，应尽量延续其原有的地名特色；

（四）具体命名指引略。

第十四条　南山区地名布局指引

（一）老城区及老村落密集的地区，因原地名网络比较完备，新生地名或地名调整应尽量沿用当地老地名，保持原有地名特色。该组团的老地名包括：大冲、南头、蛇口、粤海门、鲤鱼门、前海、白石洲、茶光、留仙洞、麦地、南新、湾厦等；

（二）以深化南山历史文化和景观文化为主题，地名用词强化适宜的人居环境；

（三）旧城区（如南头古城）应充分利用历史文化资源，弘扬深圳独特传统文化，透射深厚的文化内涵；

（四）考虑西丽水库、长岭陂水库、羊台山、塘朗山等自然地理采词因素，并结合周围环境进行命名；

（五）高新技术产业园区、深圳大学城所在地的地名采词应结合高新科技教育科研的功能，塑造高品质的地名环境；

（六）具体命名指引略。

第十五条　盐田区地名布局指引

（一）结合大小梅沙、梧桐山等自然景观因素，地名采词突出"背山面海"的主题；

（二）结合大梅沙古遗址、沙头角中英街等历史遗迹，充分利用历史人文资源，传承传统文化；

（三）盐田港后方陆域等老村落密集的地区，其新生地名或城中村改造地名调整时应尽量保留老地名，派生利用老地名。该组团的老地名包括：三洲田、沙头角、西禾树、朝阳围、坳背、鸿安围、洪都、恩上、叶屋、暗径西等；

（四）尽量选取文化意义浓厚、优雅，海洋特色鲜明的词语，突出该地区的旅游和居住功能；

（五）具体命名指引略。

第十六条　宝安区地名布局指引

（一）老城区及老村落密集的地区，新生地名和地名调整应尽量沿用当地老地名，保持原有地名特色，侧重体现历史文化特征；

（二）永兴桥、曾氏大宗祠、新二古村落文物所在地区，应通过发掘其历史内涵衍生地名，营造历史文化氛围；

（三）邻近大型自然地理实体如铁岗水库、凤凰山、茅洲河等地区，地名采词应结合原有山体、水体的名称，选用能体现当地山清水秀特色的词语为地方命名；

（四）西部紧邻珠江口地区，地名采词应结合田园风光的环境特点，选用意境优美、朴素大方的词语，体现生态休闲、观光旅游等功能；

（五）具体命名指引略。

第十七条　龙岗区地名布局指引

（一）老城区及老村落密集的地区，新生地名和地名调整应尽量沿用当地老地名，保持原有地名特色，侧重体现历史文化特征；

（二）充分利用各级文物保护单位，如大鹏所城、太坑烟墩、茂盛世居、西坑村古村落等历史人文资源，进行派生或演绎命名，以传承传统文化；

（三）地名采词应突出"山、海""生态"特征，结合滨海旅游的功能选择用词，体现地方文化特色，增强旅游吸引力；

（四）具体命名指引略。

第五章　区片划分及命名规划

第十八条　划分及命名街区的目的

对城市建设地区划分规模适宜、边界清晰稳定的区片，并进行适当命名，以有利于形成简洁、高效的标准地址形式，提高社会生活中的指位准确性和效率。

第十九条　街区的分类

综合考虑现状城市建设情况和规划道路网密度，将街区分为"建成街区"和"发展街区"两类。

建成街区是指针对建设基本成熟稳定的城市建设地区所划分的街区。建成街区的现状道路网基本建成，城市功能相对明确。

发展街区是指发展前景和规划意向有待明确的街区，它一般具有现状城市建成区较少，且规划道路网密度较低的特点。在发展街区内，由于其不确定性，街区的范围存在继续细分的可能性。随着城市建设进程的推进，街区范围的边界和大小可以通过一定的程序，进行适当的调整和细分。

第二十条　划分街区的原则

（一）街区划分的空间范围主要包括基本生态控制线以外的城市建成区以及基本生态控制线范围内现状建设地区。

（二）街区应主要依据城市次干路及以上等级的道路边界和自然地理实体（河流、山脉等）边界、《深圳市空间信息统一基础网格》、基本生态控制线、城市功能组团边界，适当考虑街道办事处辖区范围边界、社区居委会辖区边界、城市功能分区等因素进行划分。

（三）街区的规模一般控制在1—3平方公里。

第二十一条　街区的命名原则

（一）街区的名称以汉字命名；

（二）街区应尊重居民意愿，结合当地历史、地理和人文特色，照顾居民原有使用习惯，尽量结合当地约定俗成的区片地名、老地名、历史地名等命名，以借用和派生等方式进行命名。

第二十二条　街区划分及命名方案

全市共划分街区418个，其中发展街区134个，建成街区284个。

（一）福田区包括竹子林南、竹子林北、新沙、竹园、香蜜湖、安托山东、安托山西、香梅、禾镰坑、福田保税区、益田、水围、沙咀沙尾、新洲、石厦、皇岗、福民、皇岗口岸、上沙下沙、车公庙、中心区南、岗厦、上步、福田村、滨河、农科、香园、景田南、华强北、通新岭、中心区北、农园、景田、园岭、莲花村、白沙岭、莲花山公园、景田北、体育中心、黄木岗、婆岭、八卦岭、梅京、下梅林、梅林一村、孖岭、上梅林、梅亭、莲花北、冬瓜岭、红树林保护区、笔架山公园、中心公园、田面等54个街区，其中12个发展街区，42个建成街区。

（二）罗湖区包括蔡屋围、人民南、文锦渡、北斗、罗芳、新秀、湖贝、红岭、东门、东湖、黄贝岭、木头龙、天井湖、田贝、翠竹、莲塘、泥岗、水贝、笋岗、洪湖公园、泰宁、东晓、布心、银湖、清水河、大望等26个街区，其中1个发展街区，25个建成街区。

（三）南山区包括东角头、海月、荔湾、海珠、粤海门、前海、高发、曙光、西丽、留仙洞、赤湾、蛇口、四海、妈湾、月亮湾、后海、红树湾、高新南、大新、星海名城、向南、登良、深圳大学、高新北、侨城景区、荔香、麻岭、马家龙、南头、大冲、华侨城、白石洲北、白石洲南、松坪山、龙珠、同乐、珠光、塘朗、九祥岭、留仙洞、大学城、福源、丽湖、白芒等44个街区，其中12个发展街区，32个建成街区。

（四）盐田区包括港口保税区、东港区、蕉窝、小梅沙、西禾树、沙头角、西港区、梧桐、中港区、三村吓、鸿安、朝阳、大梅沙等13个街区，其中5个发展街区，8个建成街区。

（五）宝安区包括海旺、海裕、上合、碧海湾、大铲湾、麻眉山、铁岗、麻虾场、甲田岗、麒麟头、宝安机场、黄田、新和、安乐、甲岸、径贝、翻身、洪浪、劳动、灶下、西乡、流塘、庄边、上川、凤凰岗、固戍、臣田、桃源、钟屋、草围、鹤洲、后瑞、兴围、九围、下十围、黄麻布、怀德、龙腾、乌石岗、虎背山、骆埔、虾山涌、公益涌、和一、民主、芙蓉尾、新桥、燕川、桥头、和平、凤凰、塘尾、玻璃围、万丰南、龙翔、洪田、大王山、博岗、马鞍山、黄埔、万丰北、上寮、南岗、坐岗、沙头、上南、沙一、沙二、新二、衙边、沙四、沙三、谭头、后亭、东方、大田洋、共和、步涌、花果山、朗下、楼岗、下山门、山尾、松岗、江边、碧头、沙埔、洪桥头、塘下涌、罗田、上屋、上下排、水田、石龙、玉律、长圳、龙湾、田寮、甲子塘、上其、塘家、光明、碧眼、东周、上山门、楼村、圳美、新羌、李松朗、塘头、应人石、罗租、石岩、官田、黎光、塘尾、东坑、下石家、将石、马山头、公明、上村、下村、西田、雅宝、花城、上塘、清湖、赖屋山、羌头、樟坑径、竹村、石凹、横坑、大布巷、大布头、松元、悦兴、企坪、樟阁、库坑、黎光、樟坑、白石龙、民治、银泉、油松、龙胜、伍屋、油福、禾坪岗、郭吓、华富、华昌、三合、龙苑、瓦窑排、玉石、玉翠、横朗、浪口、竹园、茜坑、君子布、牛湖等165个街区，其中58个发展街区，107个建成街区。

（六）龙岗区包括五和、坂田、黄君山、百草园、雪象、龙船坑、象角塘、岗头、新河、杨美、水径、三联、埔厦、甘坑、下李朗、上李朗、大福新、何屋、罗岗、布吉、南岭、樟树布、西坑、石芽岭、安良、丹竹头、沙湾、六约、永湖、南塘、大康、白泥坑、良安田、四联、坳背、荷坳南、木古、鹅公岭、后园、松元、新南、辅城坳、山厦、龙口、南约、宝龙、黄阁坑、沙背坜、桥背、回龙埔、五联、嶂背、荷坳北、爱联、余石岭、圳埔、新布、福园、大埔、竹湾、龙潭、新屋、洪围、后福、盛平、低山、新生、龙西、木松坑、坪东、坪地、坪西、吉坑、南塘围、汤坑、江岭、新联、罗谷、石湖、老坑、竹坑、坑梓、卢屋、金沙、龙田、沙田、沙圳、碧岭、牛角龙、沿仓吓、浪尾、南布、太万、太古岭、秀新、西涌、东涌、新大、东渔、下沙、水头、布新、官湖、溪涌、土洋、葵新、坝光、大鹏所城、南隆、水头沙、王母、大亚湾核电站、葵涌、高源、葵丰、三溪等116个街区，其中46个发展街区，70个建成街区。

第六章 公路、城市道路及交通设施名称规划
第二十三条 规划对象

（一）没有标准地名的现状高速公路、公路、快速路和主干道；

（二）没有标准地名的现状桥梁、隧道和轨道交通线；

（三）没有标准地名的现状机场、港口、港区、铁路场站及客运枢纽；

（四）规划将建的高速公路、公路、快速路及主干道；

（五）规划将建的桥梁、隧道和轨道交通线；

（六）规划将建的港区、铁路场站及客运枢纽。

第二十四条　道路名称的规划原则

（一）解决有路无名、一路多名、一名多写和一名多地的现象，实现路名的规范化；

（二）规范路名的通名体系，实现路名的层次化；

（三）一个街区内的路名尽量体现系统性；

（四）尊重历史，尽最大可能保留现状路名，维护路名的稳定性；

（五）路名好找易记，简洁明了，体现地方特点，方便社会使用；

（六）尊重当地人民群众意愿和使用习惯；

（七）新、老路名保持和谐。

第二十五条　道路分段命名的一般原则

（一）道路的建设时序不同，道路断面、红线宽度和建设规格上存在差别等可予以分段命名；

（二）分段命名不宜过于频繁，应该控制一定的道路名称密度；

（三）综合考虑道路的建设时序、路口形式和长度等因素；

（四）进行分段命名的道路不宜过短。

第二十六条　道路分段命名的具体原则

（一）道路断面形式一致且走向基本相同的一条连续道路，一般以同一名称命名。但下列情形除外：如快速路、主干路及次干路的长度在10公里以上的，可以主要道路交叉口为界进行分段命名；或低等级道路与高等级道路相交，致使道路断面或路口形式发生明显变化的，可以明显分界点为界，对该低等级道路分段命名。

（二）道路走向发生明显变化的，宜采用的命名方式如附表3—1所示。

附表3—1

形状	命名方式
L	发生走向变化的道路长度在0.5公里以内的，采用同一名称进行命名；发生走向变化的道路长度在0.5公里以上的，宜分别进行命名
∽	具有两处及以上弯曲点、整体上呈曲线状的连续道路，总长度在3公里以内的，宜以同一名称进行命名；总长度在3公里以上的，宜以显著的弯曲点为界，对超过0.5公里以上的路段分别命名
Y	Y形道路，取其中较为连贯的道路一起进行命名，其他道路分别命名

第二十七条 道路通名的命名指引

（一）高速公路应以"高速公路"为通名；一级、二级、三级及四级公路应以"公路"作为通名；

（二）快速路和主干路均应以"大道"作为通名；

（三）次干路应以"路"为通名；

（四）支路可以"路""道"或"街"为通名。原则上，南北向及近南北向的以"路"为通名，东西向及近东西向的以"道"为通名。生活性支路可以"街"为通名；

（五）小区路可以"街""巷"或"里"等为通名；

（六）辅道应以"辅道"为通名。

第二十八条 道路专名的命名指引

（一）适应地名环境特征命名。当一些须命名道路所在区片的道路名称已经形成规律或特色，这些道路的命名一般要延续这种规律和特色。

（二）以当地老地名命名。借助当地的老地名派生须命名道路名称。

（三）以附近公共设施或标志性建筑物命名。如须命名道路上有大型公共设施或标志性建筑物，可以考虑用该大型公共设施或标志性建筑物名称命名；对一般的公共设施，其名称不宜直接作为无名路的名称，但可以考虑道路名称与公共设施用相同的专名。

（四）描述道路的地理位置、环境。根据道路所在地理位置、环境特色，采用描述的方式命名。

（五）来源于相关的古诗词、著作。从古代的诗词著作中选用合适的字词来命名。这种命名方式要注意所选诗词或著作要与无名路所在街区有关联。

（六）以街区名称加序号或街区名称与其他字组合。

第二十九条 道路重名调整的原则

（一）优先保留高等级道路的名称；

（二）当重名道路的等级相当时，适用下列原则：

1. 优先保留等级高的道路名称；
2. 优先保留道路长度较长的道路名称；
3. 优先保留使用时间较早的道路名称；
4. 优先保留更改成本较高的道路名称。

第三十条 道路重名处理方法

（一）对于重名的地名，只能保留一处地理实体使用原地名。

（二）更名可采取在专名中增加区片地名或表示方位、大小、形状、颜色等性状的字词的方式，也可启用古名、别名、雅名、曾用名等，或重新命名。

第三十一条 立交桥名称的规划原则

（一）两条道路相交的，应以两条相交道路专名连缀形成立交桥专名，并统一东西向及近东西向道路专名在前，南北向及近南北向道路专名在后；

（二）两条以上道路相交的，可选用附近或所在区片地名作为立交桥专名。

第三十二条 轨道线路名称规划原则

（一）轨道交通线应以"线"作为通名，以汉字命名专名。

（二）专名一般选用两个汉字，名称应体现较强的方向性和识别性。

（三）专名采词主要采取以下方式：（1）以主要的起点或终点的地名命名线路名（但如起点或终点为接驳站，则不采用该种方式）；（2）起点站或终点站区片名称各取一字命名；（3）起始的行政区名各取一字（如连接这两个区的有两条干线，则不采用该种方式）；（4）以所经主要道路命名。

第三十三条　命名方案

（一）主干道以上道路命名方案一览表略；

（二）立交桥命名方案一览表略；

（三）轨道线路命名方案一览表略；

（四）隧道名称梳理一览表略。

第七章　开敞空间名称规划

第三十四条　规划对象

本章所指的开敞空间主要包括市级城市公园、市级广场，其他类型开敞空间的名称问题将在专项规划中解决。

（一）深圳市现状的市级城市公园、市级广场中需要命名及更名的；

（二）《深圳市城市总体规划》中需要命名的市级城市公园、市级广场。

第三十五条　城市广场公园名称规划原则

（一）城市广场以"广场"为通名；

（二）公园、公共绿地可以"公园""园""林"等为通名；

（三）动物园、植物园分别以"动物园""植物园"为通名。

第三十六条　规划方案

市级城市公园名称方案略。

第八章　地名文化保护规划

第三十七条　保护目标

地名文化保护的目标是传承及弘扬深圳的老地名，展示地名文化的民族性、地域性特点，增强市民对深圳的归属感，提高城市的知名度、美誉度，塑造城市的良好形象。

第三十八条　保护原则

（一）保证老地名的稳定性

对不妨碍社会经济发展的老地名，必须保证其稳定性，不得更改。如果经过论证，某个老地名确实妨碍社会经济发展，如读音有歧义，这样的地名就应该更改。保证老地名的稳定性，能不改的就不改，是保护老地名的首要原则。

（二）以"用"为主，以"记"为辅，多种形式相结合

老地名的保护需要尽量使用老地名，实在不能用的老地名应该记录在册，只有这样才能最大范围地保护老地名。

第三十九条　保护对象

（一）全市范围内形成于新中国成立前的地名

根据光绪二十三年（1897年）《广东舆地全图》、1866年《新安县全图》和嘉庆二十四年（1819年）《新安县志》（由舒懋官主修），老地名和历史地名主要分为自然地理实体地名和居民点地名两类。

自然地理实体地名主要包括：珠岗头、装满岗、笋岗、黄贝岭、梧桐山、横排岭、田头岭、枫树山、牛绳岭、大鹏山、赤湾山、讲古岭、凤凰岩、大王山、乌石岩、禾鹊岭、黎屋山、白花洞山、狮头岭、阿婆峰、莲花径、大涌水、革田小水、永平河、茅洲水、东涌、西涌、鹅公湾、沙鱼涌、零丁岛、梧桐山、阳台山、梧桐山、阳台山、南山、大茅山、参里山、羊凹山、大钟山、角山、太平障山、校杯山、董公岭、南头海、后海、塘头下河、滘水、大沙河、南头河、西乡河、茅洲河、碧头河、大合水河、担竿洲、白鹤洲、勒马洲、蛟洲、大伞洲、小伞洲、平洲、矾石、孖洲、马鞍洲、龙穴洲、七娘滩、甘溪涌、绿橘潭、流水响潭、沙桥嘴、新桥河、黄莆涌等。

居民点地名主要包括：新安、下梅林、龙岗、盐田、大梅沙、小梅沙、溪涌、南澳、大鹏城、横岗墟、叠福、沙鱼涌、坝岗墟、葵涌墟、牌楼市、南头旧市、南头中市、南头新市、西乡大庙前市、茅洲新市、茅洲旧市、和平墟、白灰洛、周家村墟、蛋家萌墟、沙井墟、云林墟、升平墟、清平墟、新墟、白龙冈墟、黄松冈墟、桥头墟、碧头墟、福永墟、下步墟、月冈屯墟、深圳墟、清湖墟、平湖墟、永丰墟、塘头下新墟、盐田墟、清溪墟、王母墟、长洲墟、碧洲墟、大鹏城西门街市、乌石岩墟等。

(二) 其他具有重要文化意义的地名

主要指深圳市国家级、省级和市级文物保护单位的名称。

国家级文物保护单位有大鹏所城。

广东省级文物保护单位主要包括：曾氏大宗祠、南头古城垣、黄默堂墓、元勋旧址、中英街界碑、茂盛世居、鹤湖新居、龙田世居、大万世居、东纵司令部旧址等。

深圳市级文物保护单位主要包括：永兴桥、文塔、文昌阁、绮云书室、黄氏宗祠、汪刘二公祠、陈郁故居、赤湾烟墩、赤湾天后宫、宋少帝陵、赤湾左炮台、黄思铭公世祠、深圳革命烈士纪念碑、省港罢工接待站旧址、东江抗日游击指挥部旧址、沙头角中英街、沙栏吓村天后宫、吴氏宗祠、大梅沙古遗址、文武帝宫、东纵"前进报社"市级旧址、赖恩爵将军墓、赖太母墓、刘起龙将军墓、东山寺石牌坊、大坑烟墩等。

(三) 以上述老地名和历史地名为基础，结合社会使用习惯，需重点保护利用的老地名，按行政区分布主要如下：

附表3—2　　　　　　　按行政区保护老地名一览

行政区	须重点保护的老地名
福田区	上步、岗厦、石厦、皇岗、上沙、下沙、巴登、车公庙、沙埔头
罗湖区	笋岗、泥岗、黄贝、湖贝、东门、蔡屋围、田贝、水贝、向西
南山区	大冲、南头、蛇口、粤海门、鲤鱼门、前海
盐田区	大梅沙、小梅沙、三洲田、沙头角
宝安区	茶树村、牛湾、铁岗、黄田、鹤洲、黄麻布、闸门头
	怀德、德丰、碧头、朗下、塘下涌、蚝涌
	马田、将石、东周、上其、玉律、茨田埔、根竹园
	白鸽湖、君子布、上油松、龙塘、清湖、雪象
龙岗区	良安田、白泥坑、上木古、下木古、上芬、南岭、沙湾、上李朗、下李朗
	回龙埔、余石岭、白沙堆、田寮、黄龙陂
	上坝、老坑、龙田、浪尾、黄泥园、沙坜
	西涌、桔钓沙、水头、杨梅坑、仙人石、秤头角、穿鼻岩、贵仔角、海柴角、洲仔头、赖氏洲、蟹岩、王母、高岭、红花岭、上企沙、下企沙

第四十条　保护内容

（一）地名的书写形式和普通话读音、广东话读音及来源方言的读音；

（二）地名指位地域（或地理实体）的专有性和稳定性。

第四十一条　保护对策

（一）尽快对老地名进行普查，并建立老地名档案

地名管理部门应开展专门的老地名研究工作，对深圳的老地名进行调查摸底、逐条梳理，并广泛收集有关史料典籍和档案资料，开展翔实细致的考证和研究工作，界定确需保护的老地名的范围和数目，然后让这些老地名标准化。

（二）谨慎处理老地名的撤销或合并

从保持地名稳定性、保护并弘扬地名文化的角度出发，对老地名的撤销或合并应该持谨慎的态度，开展广泛的公众咨询，听取广大人民群众的意见。

（三）对老地名的派生利用进行系统研究，提出指引

将那些有历史及社会文化意义的老地名重新启用或派生到与之相关联的其他人文地理实体上，使这些老地名通过广泛的社会使用而得到保留与传承。

对老地名的派生利用进行系统研究，提出指引，使老地名遵循地名命名规则，合理、系统地进行派生利用。

（四）加强老地名相关标识的建设

对受保护的地名实施地理标识工程，全面、广泛树立受保护地名的地理标志，向社会展示。

地理标识工程包括对现仍沿用的古地名和有丰富文化内涵的老地名设立彰显性的地理标识，还包括曾经长期使用但后来消失了的古地名。

标识的内容应包括地名、产生年代、名称出典和含义、曾使用的其他名称（对已经消失但有彰显价值的地名，还应有消失的原因和年代）。

（五）加强市民对老地名的认识

通过多种形式的宣传，结合必要的地名命名、更名的公众参与

活动，并配合以城市历史文化活动组织开展，加强社会公众对老地名及其所反映的城市历史文化的深入了解，真正接受、主动保护利用老地名。

第四十二条　近期工作

（一）尽快开展全市老地名（历史地名）普查，使老地名标准化和标识化

对全市的老地名做深入的普查，确定须标准化的老地名的名单，统一进行标准化处理。并且，对标准化后的老地名和不再使用的历史地名，在其指代的地理位置或地理实体上分别进行不同的标识。在此阶段，应优先对《深圳市紫线规划》中的市级及以上等级文物保护单位做地名标识。

（二）通过区片划分，派生利用老地名和历史地名

结合区片划分命名工作，尊重当地使用习惯，派生利用当地老地名，尽快使一批常用老地名的指代范围明确下来，并使地名标准化。

第四十三条　远期工作

需要对老地名进行系统的保护性研究，结合深圳"文化立市"战略的实施，凸显深圳文化特色，为进一步保护利用老地名提出指引。

第九章　规划实施的保障措施

第四十四条　推进下层次的地名规划的编制工作

在本次地名总体规划指导下，按照本规划的各项原则和规定，加强各区的地名分区规划和地名详细规划的编制工作。完善由地名总体规划、地名分区规划到详细规划二个层次的地名规划体系，具体指导实际的地名管理工作。

第四十五条　建立贯彻执行地名规划的规章制度

科学地名网络的形成，在一定程度上受制于政府各相关行政主管部门及一些非政府组织，涉及城市建设投资的各个方面，需要有关各方共同遵守本规划的各项原则和规定，才能使制定的地名规划真正落到实处。

因此，建立贯彻执行地名规划的规章制度十分必要，应尽快编制出台相关的地方性地名管理法规，要求行政管理、项目审批、工程建设、房地产开发等各有关部门在办理与地名相关事项时，严格遵守规划相关规定，协助做好地名的监督、管理工作。

第四十六条　完善地名标志的设置

地名标志是社会文明和城市服务体系水准的重要体现，是巩固地名管理成果并全方位提供社会服务的重要措施，也是标准化地名提供社会使用最直观、实用的重要途径。

地名标志的规格和形式，凡国家和省已统一规定的，按统一规定制作；国家或省没有统一规定的，由市地名主管部门对地名标志的质料、形式、色彩、规格等做出规定。新的地名正式产生后，要尽快设置地名标志。在对老地名或历史地名的保护方面，此举尤为重要。

第四十七条　建立即时地名信息系统

建立即时地名信息系统，是加强日常地名管理，贯彻实施地名规划最科学、快捷的手段，是提高管理效率和管理透明度的有效措施，同时还可为规划方案的调整、续编，提供资料依据和基础准备。

第四十八条　重视地名档案的管理

地名档案是地名规划及其实施、提供地名社会咨询服务，建立与更新地名信息系统的重要物质基础。地名档案的完整性、系统性，关系地名工作的全局。加强地名档案的管理，应成为日常地名工作中一项不容忽视的任务。

第四十九条　加强地名宣传和社会服务意识

加强地名标准化的宣传，加强对社会使用地名的监督、检查，提高地名工作的服务质量和效率，从而提高管理的权威性，是推进地名标准化的基本方法。

（一）加强对地名法规、规划、管理工作的宣传，提高政府各部门和市民对地名的大局意识和法制观念。

（二）提高地名工作的透明度，使公众由关心到知情，进而支持、配合地名管理工作。

（三）根据地名大量新增与频繁变动实际，适时编纂、出版地名录、地名志；每年编辑、出版地名命名（更名）的统计年鉴（或光盘），及时提供给政府部门和社会公众使用。

第十章　附则
第五十条　名词解释
本规划中使用的术语定义如下：
（一）专名是指地名中用来区分各个地理实体的专有名词；
（二）通名是指地名中用来区分地理实体类别的词；
（三）地名系统是指以达到为使用者提供高效、便捷寻访方式为目的，因循人的记忆和意向习惯，依城市地籍、规划、建设管理为基础，通过一定的社会通行方式建立起来的地名相互之间的有机联系。

第五十一条　批准实施
本规划经深圳市人民政府批准后，自公布之日起开始实施。

第五十二条　解释部门
本规划由深圳市人民政府地名行政主管部门负责解释。

参考文献

[1]《新安县志》景印本，嘉庆二十四年刊。

[2] 宝安县地方志编纂委员会：《宝安县志》，广东人民出版社1997年版。

[3] 卞仁海：《汉字与避讳》，暨南大学出版社2015年版。

[4] 蔡德麟：《深港关系史话》，海天出版社1997年版。

[5] 蔡培茂：《深圳地名志》，科学普及出版社广州分社1987年版。

[6] 曾庆刚：《从香港现存地名中得到的启示》，《中国地名》1999年第2期。

[7] 陈果：《深圳113条道路要改名》，《广东建设报》2009年12月4日。

[8] 陈果：《深圳颁布实施地名规划》，《广东建设报》2010年7月20日。

[9] 陈海滨：《深圳古代史》，深圳报业集团出版社2015年版。

[10] 陈晓东、适庐：《潮汕文化精神》，暨南大学出版社2011年版。

[11] 陈垣：《史讳举例》，中华书局2004年版。

[12] 陈泽泓：《广府文化》，广东人民出版社2012年版。

[13] 褚亚平等：《地名学基础教程》，中国地图出版社1994年版。

[14] 东莞养和印务局：《东莞县志》，1924年版。

[15] 樊桂英、牛汝辰、吴郁芳：《香港地名词典》，中国社会出版社1999年版。

[16] 费孝通：《乡土中国》，北京大学出版社1998年版。

[17] 冯骥才：《地名的意义》，《人民日报》2010年12月6日。

[18] 冯杰:《深圳地名规范酝酿大动作》,《深圳特区报》2007 年 4 月 17 日。

[19] 甘于恩、简倩敏:《广东方言的分布》,《学术研究》2010 年第 9 期。

[20] 郭剑刚:《深圳地理与特区建设浅议》,《地理与地理信息科学》1987 年第 1 期。

[21] 贺承军、曾庆宝:《深圳城市地名规划:理念与时俱进,方案科学精到》,《中国地名》2011 年第 4 期。

[22] 华林甫:《中国地名学史考论》,社会科学文献出版社 2002 年版。

[23] 黄小华、邹嘉彦:《从地名探索香港地区先民的族属来源》,《中国社会语言学》2004 年第 1 期。

[24] 金应熙:《香港史话》,广东人民出版社 1988 年版。

[25] 兰静:《近代香港外来移民与香港城市社会发展》,博士学位论文,暨南大学,2011 年。

[26] 李德清:《中国历史地名避讳考》,华东师范大学出版社 2001 年版。

[27] 李辉、潘悟云、文波等:《客家人起源的遗传学分析》,《遗传学报》2003 年第 9 期。

[28] 李如龙:《汉语地名学论稿》,上海教育出版社 1998 年版。

[29] 李树新:《内蒙古地名文化》,内蒙古大学出版社 2013 年版。

[30] 廖虹雷:《深圳民俗寻踪》,海天出版社 2008 年版。

[31] 林易蓉:《客家人在近代深圳华侨移居史上的地位》,《客家文博》2011 年第 2 期。

[32] 刘镇发:《香港客家人的源流》,广西师范大学出版社 2005 年版。

[33] 卢美松:《畲族探源》,福建省地方志编委会,2007 年。

[34] 罗常培:《语言与文化》,语文出版社 1989 年版。

[35] 罗香林:《客家研究导论》,上海文艺出版社 1992 年版。

[36] 牛汝辰、樊桂英:《香港全览》,东方出版社 1998 年版。

[37] 牛汝辰:《中国地名文化》,中国华侨出版社 1993 年版。

[38] 钱穆：《再论楚辞地名答方君》，《禹贡半月刊》1937年第7卷第1、2、3合期。

[39] 欧阳嘉敏、何佩莲：《香港中西交汇奇迹地》，外文出版社2006年版。

[40] 蒲欣梅：《中国城市地名发展演化与规划研究》，硕士学位论文，兰州大学，2009年。

[41] 区志坚等：《改变香港历史的六十篇文献》，中华书局2011年版。

[42] 饶玖才：《香港地名探索》，天地图书有限公司2003年版。

[43] 饶玖才：《香港的地名与地方历史（上）：港岛与九龙》，天地图书有限公司2011年版。

[44] 饶玖才：《香港的地名与地方历史（下）：新界》，天地图书有限公司2012年版。

[45] 深圳市规划和国土资源委员会：《深圳市现状道路桥梁名称梳理规划》，2009年。

[46] 邵宜：《广东地名分布的特点及地名标准化问题》，《语文研究》2004年第4期。

[47] 深圳市史志办公室：《中英街与沙头角禁区》，2012年。

[48] 司徒尚纪：《广东地名的历史地理研究》，《中国历史地理论丛》1992年第1期。

[49] 司徒尚纪：《岭南史地论集》，广东省地图出版社1994年版。

[50] 司徒尚纪：《广东文化地理》，广东人民出版社2001年版。

[51] 孙冬虎、李汝雯：《中国地名学史》，中国环境科学出版社1997年版。

[52] 谭其骧：《晋永嘉丧乱后的民族迁徙》，《燕京学报》1934年第15期。

[53] 谭元亨：《广府寻根——中国最大一个的移民族群的探奥》，广东高等教育出版社2003年版。

[54] 汤璇：《保护老地名，规范新地名》，《广东建设报》2009年2月13日。

[55] 唐伟志：《魅力深圳》，中央广播电视大学出版社2011年版。

[56] 王彬：《广东政区地名文化景观研究》，《热带地理》2011 年第 5 期。

[57] 王彬、黄秀莲、司徒尚纪：《广东地名语言文化空间结构及景观特征分析》，《人文地理》2012 年第 1 期。

[58] 王东茜：《汉语地名与方位观念》，《文学教育》2009 年第 10 期。

[59] 王培光：《香港一些地名用字考》，《方言》2000 年第 2 期。

[60] 王荣、何彤慧、吴宏岐：《地名文化景观与地名资源开发管理研究》，中国社会出版社 2016 年版。

[61] 王卫宾：《深圳掌故》，海天出版社 2013 年版。

[62] 吴晓莉：《从理论到实践的地名规划探索——以深圳为例》，中国城市规划年会会议论文，2007 年。

[63] 吴唐生：《岭南文化结构层次在地名中的反映》，《岭南文史》1996 年第 3 期。

[64] 夏敏：《香港历史的地名透视》，《南京大学学报》2001 年第 4 期。

[65] 向剑帼：《东方之珠——璀璨香港》，上海锦绣文章出版社 2010 年版。

[66] 香港特别行政区政府地政总署测绘处：《香港街：街道及地名录》，2015 年。

[67] 萧国建：《香港古代史》，中华书局 1995 年版。

[68] 萧国建、林天蔚等：《香港前代史论集》，商务印书馆 1974 年版。

[69] 谢重光：《宋代潮汕地区的福佬化》，《地方文化研究》2015 年第 1 期。

[70] 徐杰舜、李辉：《岭南民族源流史》，云南人民出版社 2014 年版。

[71] 徐兆奎、韩光辉：《中国地名史话》，中国国际广播出版社 2016 年版。

[72] 杨豪：《"福佬人"考略——广东汉族来源考之二》，《广西民族学院学报》1996 年第 2 期。

［73］游汝杰：《从语言地理学和历史语言学试论亚洲栽培稻的起源和传布》，《中央民族大学学报》1980 年第 3 期。

［74］元邦建：《香港史略》，中流出版社 1988 年版。

［75］袁源：《论广东地名的区域特质》，《番禺职业技术学院学报》2007 年第 3 期。

［76］曾祥委：《深圳的族群地名》，《宝安日报》2012 年 3 月 6 日。

［77］曾昭璇：《岭南史地与民俗》，广东人民出版社 2015 年版。

［78］曾世英：《地名工作中的语言文字问题》，《语文建设》1986 年第 Z1 期。

［79］张洪年：《香港地名中的闽语和客语成份》，《国际汉藏语会议论文提要》，2005 年。

［80］张军：《国际化城市与深圳地名管理》，《深圳特区报》2006 年 1 月 16 日。

［81］张一兵（点校）：《深圳旧志三种》（天顺东莞旧志，康熙新安县志，嘉庆新安县志），海天出版社 2006 年版。

［82］赵善琪：《香港概览》，上海人民出版社 1988 年版。

［83］哲欣：《香港地名琐议》，《贵州文史丛刊》1997 年第 3 期。

［84］郑宝鸿：《港岛街道百年》，三联书店（香港）有限公司 2001 年版。

［85］郑宝鸿：《九龙街道百年》，三联书店（香港）有限公司 2001 年版。

［86］郑宝鸿：《新界街道百年》，三联书店（香港）有限公司 2002 年版。

［87］周学曾：《晋江县志》，福建人民出版社 1990 年版。

［88］周振鹤、游汝杰：《方言与中国文化》，上海人民出版社 2015 年版。

［89］中国地名学研究会：《地名学研究文集》，辽宁人民出版社 1989 年版。

［90］庄晋南：《香港地名录》，中国地图出版社 1997 年版。

后 记

中国人有两个挥之不去的情结，一个是血缘，另一个就是地缘。农耕民族安土重迁，自然对生长于斯、给养衣食的土地心存感恩；若因游学、经商、为宦而背井离乡，则要通过各种方式寄托乡愁、表达乡思：或遥寄明月，或鸿雁传书，或把酒乡聚，或赋诗作文。因为那里有白发亲娘，有里短家长，有舌尖家乡，更有牧笛悠扬！而地名，则因其所蕴含丰富的地理、语言、历史、文化、民俗等信息使得我们的乡愁可以寄托。身处移民城市深圳，其间所弥漫的乡愁文化让我感同身受，每每在办公楼看到夕阳西下时就想到日暮乡关，甚至泪湿双目。所谓"此心安处即吾乡"，实则是乡愁无解的聊以慰藉。

我关注地名文化，自讲授《应用语言学》开始。该课程是将地名学作为文化语言学的重要内容来讲解的。作为一名语言学专业的学者，自然也会对以语言文字作为载体的地名格外关注，因为地名学在很大程度上就是语言文字学。本书初稿是深圳市哲学社会科学"十二五"规划年度课题"深港地名义化比较研究"之结项成果；结题后又有较大的补充修改，其间深圳大学师范学院汉语国际教育专业的邱莹莹、颜慧茵、李芷莹、劳秀汶、温慧芳、徐彬霞等同学为本书收集了若干资料。本书于香港饶玖才先生的《香港地名探索》《香港的地名与地方历史》多有参考。深圳市委宣传部和深圳市社科院将本书遴选入《深圳学派建设丛书》（第六辑）。中国社会科学出版社编辑马明先生为本书付出了大量辛勤的劳动。谨此向上述师友和单位致以诚挚的谢意!

不废江河万古流。

卞仁海

2019 年 5 月 17 日